W0180737

Zu diesem Buch

Ein gelungener Vortrag oder eine Präsentation zeichnet sich dadurch aus, Inhalte verständlich und spannend zu vermitteln, sodass die Zuhörer bis zum Schluss keine Chance haben, unaufmerksam zu werden.

Jeder, der seine guten Ideen überzeugend vor einer Zielgruppe präsentieren will, sollte nicht nur Worte, sondern auch Bilder verwenden. Denn viel stärker als das geschriebene oder gesprochene Wort wecken und fesseln Bilder unsere Aufmerksamkeit. Warum ist das so? Weil unser Gehirn durch Bilder vermittelte Ideen effizienter verarbeitet und Inhalte dadurch besser im Gedächtnis haften bleiben.

Der Schwerpunkt dieses Buches liegt auf der visuellen Vermittlung von Themen im Berufsalltag. Es ist als Praxisbuch für alle gedacht, die anderen etwas zeigen und erklären sollen, die informieren und überzeugen müssen.

Zur Autorin

Margit Hertlein hat Ethnologie und Betriebswirtschaft studiert und war viele Jahre als Geschäftsführerin eines Autohauses tätig. Sie arbeitet heute in den Bereichen Konzeptionierung, Training und Coaching für Management und Unterrichtende.

Außerdem sind von ihr im Rowohlt Verlag erschienen: «Mind Mapping – Die kreative Arbeitstechnik» (61190) und «Frauen reden anders. Selbstbewusst und erfolgreich im Jobtalk» (60510).

Margit Hertlein

Präsentieren – vom Text zum Bild

Rowohlt Taschenbuch Verlag

Für Jochen

Originalausgabe
Veröffentlicht im Rowohlt Taschenbuch Verlag GmbH,
Reinbek bei Hamburg, November 2003
Copyright © 2003 Rowohlt Taschenbuch Verlag GmbH,
Reinbek bei Hamburg
Illustrationen Margit Hertlein
Redaktion Cornelia Steffahn
Umschlaggestaltung Wiebke Buckow
(Illustration: P. Pauly/art ranch – die signer)
Satz aus der Minion PostScript, QuarkXPress bei KCS, Buchholz
Druck und Bindung Druckerei C. H. Beck, Nördlingen
Printed in Germany
ISBN 3 499 61571 1

Inhaltsverzeichnis

1
Herzlich willkommen oder
Warum Sie dieses Buch lesen sollten

Um dich begreiflich zu machen, musst du zum Auge
sprechen.
Johann Gottfried Herder

1.1 Für wen ist Visualisieren wichtig?

Visualisieren ist keine Erfindung unserer Zeit. Schon immer haben Menschen versucht, ihre Ideen mit Hilfe von
Bildern so zu «verpacken», dass die Zuhörer sich auch
wirklich angesprochen fühlten. Jede Religion hat Symbole
gewählt, die die zugrunde liegende Weltsicht für andere
über die Sprache hinaus sichtbar machten. Visualisieren
sollten deshalb alle, die im Sinne Herders zum Auge sprechen wollen. Alle, die in Vorträgen und Präsentationen
informieren, erläutern, überzeugen und die eigenen guten Ideen auch von der Zielgruppe schnell und einfach
verstanden haben wollen, verwenden nicht nur Worte,
sondern auch Bilder. Bilder wecken die Aufmerksamkeit
rascher und fesseln stärker als Geschriebenes und Gespro-
chenes. Und schließlich bleiben durch Bilder vermittelte
Ideen besser im Gedächtnis haften, weil die Informationen
gehirngerecht verarbeitet werden können.

Der Schwerpunkt dieses Buches liegt auf der visuellen
Vermittlung von Inhalten im Berufsalltag. Es ist als Praxisbuch für alle gedacht, die anderen etwas zeigen und erklären sollen, die informieren und überzeugen müssen.

Visualisierungstechniken nützen dem Ingenieur, der den
Kollegen und dem Chef Arbeitsergebnisse seines Teams

Dieses Buch
wendet sich an
Trainer und
Ausbilder, Füh-
rungskräfte und
Teamkollegen,
Moderatoren,
Studenten, Schü-
ler, Professoren
und Lehrer.

vorstellt, und der Vorgesetzten, die die Mitarbeiter von einer neuen Strategie überzeugen will. Sie helfen dem Hersteller, der einem Kunden das neue Produkt präsentiert, der Moderatorin eines Workshops und der Wissenschaftlerin, die ihre Forschungsergebnisse bei einer Tagung vorträgt. Die Visualisierungsgrundregeln gelten natürlich auch für alle Schüler und Studenten, die Referate halten. Last but not least ist Visualisieren gewiss kein Schaden für ganz normale Anlässe wie die Jahresversammlung eines Vereins, die Rückschau auf einen Kindergartenbazar oder die Vorbereitung eines Schulfestes.

Visualisieren –
wenn Sie:
• informieren,
• für eine
Idee begeistern
wollen,
• ein Ergebnis
vorstellen,
• einen Verlauf
dokumentieren.

1.2 Was ist Visualisieren?

Das Wichtige
muss ins Auge
springen.

Ein Bild macht's einfacher. Ein Begriff wird durch Visualisieren «augenfällig». Eine Information zu visualisieren, bedeutet, sie so aufzubereiten, dass sie die Sprache unterstützt. Probleme, Ideen und Aufgaben werden in Bilder umgewandelt, Phantasie und Wissen gleichzeitig genutzt. Visualisieren reduziert also die Komplexität von Informationen.

Beim Visualisieren von Präsentationen geht es darum, Inhalte und Botschaften kompakt, präzise und deutlich weiterzugeben.

Komplizierte Zusammenhänge lassen sich durch ein Bild auf den Punkt bringen. Sie erfahren in diesem Buch, wie Ideen, Probleme, Gefühle und natürlich Zahlen in Bilder umgesetzt werden können. Jede Präsentation, in der es um Statistiken oder um Bilanzen geht, um Geld oder um Bevölkerungszahlen, wartet mit den ausgefeiltesten Diagrammen auf. Nur leider bringen gerade solche Diagramme die wichtigste Aussage eben nicht auf den Punkt, weil das Diagramm zu viele Detailinformationen enthält. Manche missverstehen Visualisieren auch als Aufforderung, «irgendwie» Bilder in die Präsentation einzubringen, nach dem Motto: «Da war doch noch was mit der Gehirnhälfte, die Bilder mag, also rein mit einem Bild.» Effektives Visualisieren setzt Schwerpunkte und ist nicht bloß Ornament.

1.3 Warum ist Visualisieren sinnvoll?

Weshalb bleiben uns Bilder so gut im Gedächtnis? Was passiert in unserem Kopf, wenn wir Informationen aufnehmen, lernen oder uns erinnern wollen?

Das Gehirn ordnet alles, was es an Sinneseindrücken und damit an Informationen aufnimmt, in ein System ein und bildet Kategorien. Das fällt ihm leichter, wenn die Informationen inhaltlich oder wenigstens formal zusammenhängen. Eine Präsentation, die diese Arbeitsweise des Gehirns berücksichtigt, bewirkt mehr als eine, die das nicht tut.

Was bedeutet gehirngerecht? Die folgenden Anmerkungen zu Aufbau und Funktion des Gehirns sind keine erschöpfende wissenschaftliche Abhandlung. Sie sollen Ihnen nur einen Eindruck davon vermitteln, was beim Denken geschieht.

Entwicklungsgeschichtlich betrachtet, besteht das Gehirn aus drei Teilen: dem Stammhirn, dem limbischen System und dem Großhirn. Hier, wie überall im Leben, baut das

Nachfolgende auf dem Vorhergehenden auf. Erst wenn die Grundlagen geschaffen sind, kann Neues dazukommen. Das bedeutet fürs Denken: Erst wenn die älteren Gehirnteile ihre Arbeit getan haben, werden die jüngeren aktiv. Der älteste Gehirnteil ist das Reptiliengehirn, der **Hirnstamm**. Er ist verantwortlich für Atmung, Herzschlag, Hunger und den Schlaf-wach-Rhythmus, kurz: das Überleben. Schlafen und Essen sind grundlegende Bedürfnisse. Erst wenn diese befriedigt sind, ist Zeit und Kraft für höhere Interessen. Das bedeutet für die Informationsaufnahme, dass wir hungrig oder übermüdet unsere kreativen Möglichkeiten nicht ausschöpfen können. Sitzt Ihnen das Publikum hungrig gegenüber, können Sie sicher sein, dass es höchstens die Hälfte von dem mitbekommt, was Sie zeigen und sagen.

Bei einem Kongress in Berlin freute ich mich schon den ganzen Tag auf den Gastredner John Grinder, der um 20 Uhr eine einstündige Rede zum Thema «Denkstrukturen» halten sollte. Die Küchencrew des Kongresshotels stellte das kalte und warme Buffet schon kurz vor der Rede bereit, damit die Kongressbesucher sofort nach der Rede ihr wohlverdientes Abendessen bekommen könnten. So zogen die Wohlgerüche der Speisen während des Vortrags an unseren Nasen vorbei, und die knurrenden Mägen waren nicht mehr zu überhören. Es entstand immer mehr Unruhe im Saal, und der Vortragende kämpfte heldenhaft gegen unsere Stammhirne an – vergebens. Da hilft nur noch eines, die Redezeit verkürzen.

Der zweitälteste Gehirnteil, das **limbische System,** ist das Kontrollzentrum für Gefühle und sexuelle Reaktionen. Lernen, Informationsaufnahme, fällt umso leichter, je stärker es mit Gefühlen verbunden ist. Angenehme Empfindungen, Humor und persönliche Geschichten in einer Präsentation werden oft als «Spielereien» abgetan, haben aber tatsächlich eine entscheidende Funktion.

Der jüngste Gehirnteil ist das **Großhirn,** der Neokortex,

er ist zuständig für Sprache, Mustererkennung und Kreativität. Allerdings kann die Großhirnrinde wenig von allem tun, wenn Stammhirn und limbisches System nicht intakt und kooperativ sind.

Angenehme Gefühle werden oft nur als «nette» Zugabe für einen Denkprozess betrachtet. Ohne Gefühle können wir aber nicht denken! Und deshalb merken wir uns die Bilder oder Aussagen einer Präsentation, die Gefühle – negative oder positive – bei uns geweckt haben.

Die Bereiche im Gehirn, in denen Emotionen verarbeitet werden, sind mit den Gehirnteilen vernetzt, die beim logischen Denken benötigt werden, und umgekehrt. Vernunftbetontes Denken beruht auf Gehirnprozessen, in denen nicht nur logische Strukturen, sondern auch Gefühle eine Rolle spielen. Nicht die Ratio allein macht den Menschen aus, sondern Geist und Gefühl bestimmen uns.

Bei einem Eisberg ist nur der kleine Teil über Wasser sichtbar, der weitaus größere Anteil liegt unter der Wasseroberfläche. Präsentationen, die lediglich unsere rationalen, logischen Fähigkeiten in den Vordergrund stellen, schöpfen bei weitem nicht das Gehirnpotenzial aus, das uns zur Verfügung steht. Deshalb bleiben sie auch nicht so lange im Gedächtnis.

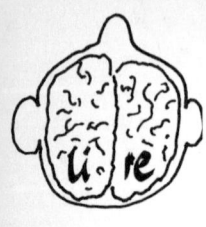

Das Großhirn, der Neokortex, hat zwei Hälften, eine rechte und eine linke: die Hemisphären. Sie sind durch Nervenfaserbündel miteinander verbunden und arbeiten zusammen. Jede Hälfte hat grundsätzlich Vorlieben für bestimmte Aufgaben, kann notfalls aber auch Aufgaben übernehmen, für die die andere Hälfte – zum Beispiel wegen einer Kopfverletzung – nicht mehr zur Verfügung steht.

Die Verarbeitungsvorlieben der **linken Hemisphäre** sind: Detail, Sprache, Zahlen, Logik, Analyse und Ratio.

Die Verarbeitungsvorlieben der **rechten Hemisphäre** sind: Überblick, Bilder, Farbe und Assoziationen.

In Präsentationen werden wir oft mit Einzelinformationen überflutet. Visualisieren sorgt dafür, dass unsere rechte Gehirnhälfte einbezogen wird, damit wir wieder einen Überblick bekommen.

Wissenschaftliche Untersuchungen belegen, dass Visualisieren bei Präsentationen Sinn macht. Von Doug Malouf, einem amerikanischen Kommunikationsforscher, stammt die Aussage, dass die Augen von allen Sinnesorganen mit Abstand die meisten Eindrücke aufnehmen, nämlich

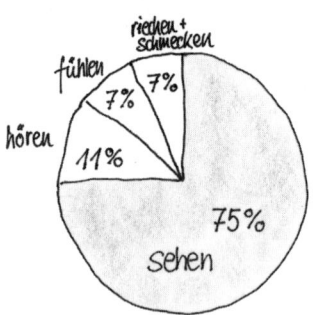

75 Prozent. Dazu im Vergleich sind das Gehör mit elf Prozent, der Tastsinn mit sieben, der Geschmackssinn mit vier Prozent und der Geruchssinn mit drei Prozent beteiligt.

Bilder machen Meetings effizienter, wie Forscher der

Universität Minnesota herausfanden. Sie verkürzen die durchschnittliche Dauer um mehr als ein Viertel – von 26,7 Minuten auf 18,6 Minuten.

Visualisieren verkürzt Besprechungen um 30 %.

Visualisieren zwingt zur Präzisierung. Das gilt vor allem für Sie, weil Sie die Kernaussagen einer Botschaft herausarbeiten müssen, um sie in Bilder fassen zu können. Das gilt aber auch für Ihr Publikum: Diesem bleibt gar nichts anderes übrig, als sein Interesse auf Ihr Thema zu lenken, wenn Sie dieses Thema konsequent visualisieren. Bilder ersparen langatmige Erklärungen, weil sie sofort Erinnerungen und Gefühle wachrufen – vorausgesetzt, der Betrachter erkennt, worum es sich handelt, und kann mit dem Abgebildeten etwas verbinden. Und sie unterstützen das Erinnerungsvermögen: Wenn das flüchtige Wort längst verklungen ist, bleibt die Idee als Bild im Kopf.

Visualisieren ist der rote Faden Ihrer Präsentation.

2
Visualisieren bei Präsentationen

Seine Rede war wie eine verwickelte Kette:
nichts zerrissen, aber alles in Unordnung.
William Shakespeare

2.1 Vorbereitung

Nicht selten wird das Publikum bei Präsentationen mit Informationen regelrecht überflutet. Wer mit dem Bewusstsein aus einer solchen Veranstaltung geht, das eine oder andere begriffen oder gar etwas dazugelernt zu haben, darf sich glücklich preisen. Wer weniger behalten hat, obwohl die Information wichtig war und der Redner ein kluger Kopf, kann sicher sein, dass daran nicht das schwierige Thema oder die eigene Begriffsstutzigkeit schuld waren, sondern die Vermittlung.

Fühlen Sie sich als Referent bitte verpflichtet, für Ihr Publikum das Zuhören, Zusehen und Verstehen einfach und interessant zu machen. Sonst steigt es geistig aus, was Sie im ungünstigsten Fall am leisen Schnarchen aus der vorletzten Reihe merken.

Die wichtigste Grundlage einer gelungenen Präsentation ist die KISS-Formel: «Keep It Short and Simple.»

KISS: Mach's kurz und einfach.

Wenn Sie bedenken, dass bereits nach 20 Minuten bei den meisten Menschen die Aufnahmefähigkeit nachlässt, ist die erste Forderung verständlich: Der Vortrag muss kurz sein.

Wenn Sie auf einer Veranstaltung sprechen, bei der mehrere Redner geladen sind, werden die Zeiten meist im Programm festgelegt. Ist das nicht der Fall, dann sagen Sie gleich zu Anfang, wie lange Ihre Präsentation dauern wird, damit die Zuschauer sich darauf einstellen können. Die Einleitung soll etwa zehn Prozent der Redezeit beanspruchen und den Zuhörern einen Eindruck davon vermitteln, was auf sie zukommt und worauf Sie hinauswollen. Für den Hauptteil, in dem Sie Ihr Thema und Ihre Argumente präsentieren, verwenden Sie rund 80 Prozent der Zeit, und zum Schluss fassen Sie das Wesentliche noch einmal kurz zusammen. Überziehen Sie Ihre Redezeit nicht!

Kündigen Sie an, wie lange Ihre Präsentation dauert, und halten Sie sich daran.

Und «simple»? Vergessen Sie Ihre Angst, die Zuhörer zu unterfordern. Das, was Sie präsentieren, ist für Sie – hoffentlich – selbstverständlich. Für Ihr Publikum aber nicht. Wenn Sie nicht gerade vor ausgefuchsten Spezialisten stehen, sollten Sie auf Fachausdrücke und komplizierte Gedankengänge verzichten und verständlich bleiben. Ralph Waldo Emerson (1803–1882), amerikanischer Schriftsteller und Philosoph, sagte: «Es ist ein Beweis hoher Bildung, die größten Dinge auf einfachste Art zu sagen.»

Einfache, verständliche Sprache ist kein Offenbarungseid, sondern eine Kunst.

Verlassen Sie sich nicht darauf, dass eine Präsentation, mit der Sie einmal erfolgreich waren, ein zweites Mal genauso wirkt. Publikum ist nicht gleich Publikum. «Simple» bedeutet auch, dass Sie herausfinden, an welcher Stelle der Organisationshierarchie Ihre Zuhörer stehen und welche Funktion sie ausüben, denn auch davon hängt es ab, welche Vorkenntnisse sie mitbringen. Und das wiederum ist wichtig für Ihre Argumentation. Stellen Sie sich sprachlich und mit Ihrer Visualisierung auf das Alter und den kulturellen Hintergrund Ihres Publikums ein, und spüren Sie auf, was die Zuhörer von Ihnen und von der Präsentation erwarten.

Eine ausreichend große Schrift, Übersichtlichkeit, klare Gliederung und Konzentration auf die Schwerpunkte sind hundertmal wichtiger als alle grafischen und animationstechnischen Spielereien. Wo es möglich ist, verwenden Sie ein Bild, aber nur für die wichtigen Argumente.

Kurz und einfach: Beim Visualisieren sind Schlagworte besser als Lesetext.

ᐧ Menschen, die gut vortragen und wie aus dem Nichts eine Präsentation halten können, lassen bei uns den Eindruck entstehen, dass es ihnen eben in die Wiege gelegt wurde. Vorbereitung ist aber die Grundlage jeder guten Präsentation. Und die gute Nachricht ist: Je öfter Sie Präsentationen vorbereiten, desto schneller geht es.

Wie gehen Sie bei der Vorbereitung am besten vor?

9 Tipps

- Klären Sie, vor welchem Publikum Sie referieren werden; d. h., machen Sie eine **Zielgruppenanalyse**. Schon die Teilnehmerzahl kann unterschiedliche Anforderungen an Sie und an die Visualisierungsmedien stellen. Deswegen sollten Sie zu Beginn Ihrer Vorbereitungen Informationen über Ihre Gäste einholen.
- Machen Sie sich einen **Zeitplan**. Dabei gehen Sie vom Tag der Präsentation im Kalender rückwärts und legen fest, bis wann welcher Schritt erledigt sein muss. Rechnen Sie ungefähr mit einer Stunde Vorbereitungszeit für jede Minute des Vortrags.
- Beschaffen Sie sich **Informationen** – bei Kollegen, bei Fachleuten, aus Büchern, im Internet. Sie werden höchstens zehn Prozent dessen, was Sie zusammentragen, verwenden, das ist völlig normal. Das restliche Wissen nützt Ihnen in der Diskussion.
- Sichten Sie die Informationen: Was brauchen Sie, was weniger? **Ordnen** Sie nach Wichtigkeit und sortieren Sie dann aus. Bringen Sie alles in die richtige Reihenfolge. Bei einem logisch aufgebauten Vortrag ergibt sich jeder Gedanke aus dem vorhergehenden.
- Fangen Sie beim Schreiben nicht mit dem Anfang an. Planen Sie lieber zuerst den **Hauptteil**. Die besten Ideen für den Einstieg kommen in der Regel während der Arbeit.
- Danach der **Feinschliff**: Bereiten Sie die einzelnen Punkte gezielt für Ihr Publikum auf und planen Sie Ihre Visualisierung.

- Notieren Sie sich, wie lange jeder Schritt des Vortrags dauern soll und welche technischen **Hilfsmittel** Sie jeweils brauchen.
- Kalkulieren Sie in Ihrem Zeitplan ein paar Tage **Pause** ein (Menschen mit dem Arbeitsmuster «alles auf den letzten Drücker» werden hier wahrscheinlich entsetzt aufstöhnen – es hilft aber tatsächlich). Die Pause verschafft Ihnen den nötigen Abstand, wenn der erste Entwurf steht. Beim nochmaligen Draufschauen fällt Ihnen zudem noch vieles ein.
- Sollten Sie eine **innere Stimme** haben, die Ihnen zuflüstert: «Sei perfekt», erklären Sie die Vorbereitungen trotzdem nach Ihrem Zeitplan für abgeschlossen.

> «So eine Arbeit wird eigentlich nie fertig; man muss sie für fertig erklären, wenn man nach Zeit und Umständen das Möglichste getan hat.»
> Johann Wolfgang von Goethe

Prüfen Sie vor der Präsentation

8 Tipps
- Brauchen Sie **Medien** wie Overheadprojektor, Beamer, Pinnwand oder Flipchart?
- Was ist organisatorisch zu beachten? Haben Sie genügend **Zeit** für den Aufbau Ihrer Visualisierungsmedien, falls vor Ihnen schon ein anderer Redner präsentiert?
- Kommen Sie mit dem **Rednerpult** zurecht oder muss es zur Seite geräumt werden?
- Gibt es eine **Ablagefläche** für Ihre Unterlagen?
- Sind die Projektion, die Pinnwand oder das Flipchart von allen Plätzen aus **sichtbar**?
- Wie können Sie sich beim Vortrag **bewegen**, ohne im Bild zu stehen?
- Wie ist die **Akustik** des Raumes? Wie laut müssen Sie sprechen, damit man Sie auch in der letzten Reihe versteht? Können Sie mit dem Mikrofon umgehen?
- Ist **Wasser** da? Denn Wasser beruhigt und befeuchtet die vom Lampenfieber ausgetrockneten Schleimhäute.

2.2 Aufbau der Präsentation

Guter Aufbau – gute Visualisierung.

Eines ist sicher, je besser Sie Ihre Präsentation strukturieren, desto effektiver können Sie auch visualisieren. Damit ist aber nicht etwa ein Ausschmücken mit Bildern und Grafiken gemeint. Visualisieren bedeutet, Probleme, Ideen und herausfordernde Aufgaben, die bereits durch den Aufbau in sich schlüssig sind, bildhaft darzustellen.

Es gibt verschiedene Möglichkeiten, um Informationen zu strukturieren und damit eine gute Vorlage für die Visualisierung zu liefern:
- chronologisch: gestern – heute – morgen,
- vom Überblick zum Detail,
- vom Bekannten zum Unbekannten,
- von einfachen Beispielen hin zu komplexen Zusammenhängen,
- vom Nutzen (unbedingt zuerst) hin zu Details und Bedingungen,
- wie bei einer Konzeption: Ausgangslage – Bewertung – Zielsetzung – Maßnahmen – Umsetzung – Controlling – Resümee,
- vom Problem zum Lösungsvorschlag,
- als Vier-W-Modell.

Das Vier-W-Modell

Das Vier-W-Modell ist äußerst effizient beim Aufbau einer Präsentation.

Es ist mein Lieblingsmodell, mit dem ich fast alle Präsentationen und Vorträge strukturiere und visualisiere.

Aufgrund der Erkenntnis, dass jeder Mensch sein Gehirn nach bestimmten «Lieblingsmustern» benutzt, jeder seine eigene Art und Weise hat, Inhalte zu strukturieren, zu lernen und sich zu motivieren, haben Lernpsychologen eine Anleitung für alle entwickelt, die Inhalte für andere gut aufbereiten wollen.

Das Vier-W-Modell gibt Antwort auf die grundsätzlichen Fragen «Was?», «Warum?», «Wie?» und «Wozu?». Ich verwende es, um mir Überblick über ein Thema zu verschaffen, und als Kontrolle, um zu sehen, ob ich an alle Bereiche gedacht habe; denn Sie wissen ja nicht, wenn Sie vor einer Gruppe referieren, über welches «Lieblingsmuster» jeder Einzelne verfügt.

Einmal stehen Sie vor einer Gruppe, die vor allem eine Antwort auf die Frage nach dem «Was?» sucht, zum Beispiel vor Menschen mit wissenschaftlich-analytischer Ausbildung. Eine andere Gruppe ist besonders am «Wie?» interessiert – das sind die Praktiker – und möchte einfach nur «die Ärmel hochkrempeln und anfangen». Das «Warum?» ist oft als Einstieg in eine Präsentation gut geeignet. Bei der Moderation ist es besser, zunächst Antworten auf «Warum?» und «Was?» zu geben, anschließend das «Wozu?» von den Teilnehmern erarbeiten zu lassen und zum Schluss das «Wie?» als Aktivitätenplan einzubringen.

Am einfachsten gelingt mir die Strukturierung mit einem Mind Map. Sie schreiben in die Mitte Ihr Thema und zeichnen von der Mitte aus für jedes W einen Ast.

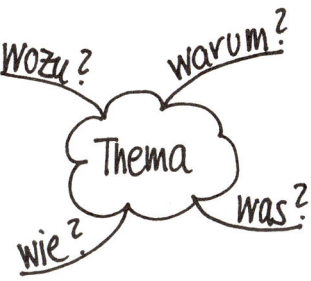

Nehmen Sie nun den Papierstapel an Informationen und ordnen Sie die Inhalte in Stichworten dem jeweiligen Ast zu. Sie sehen sehr schnell, ob ein Ast zu wenig «abbekommen» hat. Ein sicheres Zeichen für eine langweilige Präsentation ist es, wenn der «Was?»-Ast übervoll ist.

Natürlich brauchen Sie die vier Fragen «Warum?», «Was?», «Wie?» und Wozu?» nicht ausdrücklich zu nennen. Aber achten Sie beim Aufbau Ihrer Präsentation darauf, dass Ihre Inhalte, soweit das möglich ist, Antworten auf alle vier Fragen geben.

Warum?

- Sagen Sie, was **Ihnen** das Thema bedeutet. Erzählen Sie von Ihrer Überzeugung. Was gefällt Ihnen besonders? Was hat Sie beeindruckt? Sagen Sie, wer Sie sind, was Sie kompetent macht und warum gerade Sie hier präsentieren. Sie befriedigen damit die natürliche Neugier und schaffen Vertrauen.
- Zeigen Sie die **allgemeine Bedeutung** des Themas.
- Erklären Sie, wie das Thema in der Vergangenheit entstanden ist. Stellen Sie **geschichtliche Bezüge** her, betten Sie das Thema in einen historischen Kontext.
- Beziehen Sie die **Erfahrungen der Teilnehmer** – sofern vorhanden (Zielgruppenanalyse!) – ein.
- Und ein Tipp: Das «Warum?» ist ein guter Einstieg in eine Präsentation.

Was?

- Sagen Sie Ihrem Publikum, welches **Ziel** Sie mit der Präsentation verfolgen. Sollen Informationen weitergegeben werden? Oder wollen Sie das Publikum von einer Idee überzeugen? Wenn Sie Transparenz schaffen, ernten Sie Offenheit und Konzentration.
- Geben Sie **Definitionen**.
- Nennen Sie **Zahlen, Daten und Fakten**.
- Zeigen und erklären Sie Statistiken und wählen Sie passende **Grafiken** und Schaubilder.
- Zitieren Sie **Experten**.
- Geben Sie **Literaturhinweise**.

Wie?

- Geben Sie **Beispiele**.
- Illustrieren Sie das Thema durch eine **Geschichte**. Geben Sie den Personen in Ihrer Geschichte Namen. Erzählen Sie davon, was Ihnen oder einer Freundin, Arbeitskollegen oder Bekannten passiert ist.
- Erklären Sie so, dass die Zielgruppe versteht, wie die Dinge funktionieren (zum Beispiel die neue Abrechnungsmethode).
- Nennen Sie den **ersten Schritt**.
- Fordern Sie zum **Handeln** auf: «Wie genau soll gehandelt werden?», «Wie gehe ich vor?».
- Erstellen Sie bei einer Moderation gemeinsam mit den Teilnehmern eine **Aktivitäten-Checkliste** oder eine To-do-Liste.

Wozu?

- Zeigen Sie, welchen **persönlichen Nutzen** die Teilnehmer haben. Das Publikum muss von Anfang an wissen, was es davon hat, dass es sich mit Ihren Gedanken auseinander setzt. Geben Sie ihm dazu genügend Raum, denn die visualisierten Gedanken sind neu und verlangen Zeit zum Nachdenken.
- Arbeiten Sie Werte heraus, das, was für Ihre Zielgruppe wünschens- und **erstrebenswert** ist.
- Erklären Sie, welchen **Sinn** das Thema für Ihre Zuhörer hat.
- Zeigen Sie, was sich für die Zuhörenden **ändern** wird, wenn das Thema bearbeitet ist.
- Fordern Sie die Teilnehmer auf, **Anwendungsmöglichkeiten** zu erarbeiten (gilt für die Moderation).

2.3 Roter Faden und Überblick

Ein Publikum kann nie 100 % aufmerksam sein. Abschweifende Gedanken sind menschlich.

Es gibt viele Möglichkeiten, ein Publikum mit einer Präsentation zu frustrieren. Es gibt aber ebenso viele Möglichkeiten das Ganze – mit denselben Inhalten – zu einem spannenden Erlebnis zu machen. Was erwartet der Zuschauer von einer Präsentation? Er möchte in möglichst kurzer Zeit möglichst viel Neues erfahren, und zwar so, dass er sich dabei nicht langweilt. Im Normalfall können Sie davon ausgehen, dass Ihr Publikum guten Willens ist. Sie dürfen aber nicht erwarten, dass es Ihnen zuliebe über sich selbst hinauswächst. Es ist zutiefst menschlich, Assoziationen und Gedankenbrücken zu bilden und eben nicht konzentriert jedem Satz Ihrer Präsentation zu folgen. Wenn jemand geistig abdriftet, bedeutet das nicht unbedingt Desinteresse. Während Sie die Umsatzzahlen erläutern, geht einem der Kollegen vielleicht die letzte Mathenote des Sohnes durch den Kopf. Während Sie das Foto des neuen Personalleiters einblenden, denkt eine andere Zuhörerin an das Gespräch mit der letzten Personalleiterin zurück. Ihre Aufgabe ist es, Ihr Publikum gedanklich immer wieder zum Thema zurückzuführen. Das geht umso leichter, je sorgfältiger Sie die Präsentation vorbereitet haben.

Die Folien nicht durcheinander zu bringen, ist selbstverständlich, aber noch keine Dramaturgie.

Dass die Folien in der richtigen Reihenfolge aufgelegt werden, versteht sich von selbst. Klappt es nicht, wird der Fehler sofort sichtbar: Die Logik stimmt nicht mehr, die Zuschauer sind verwirrt, der Referent sucht verzweifelt in seinen Unterlagen. Es klingt profan, aber so manche Präsentation wurde schon gerettet, weil die Folien durchnummeriert waren.

Die Reihenfolge allein macht es aber noch nicht. Visualisieren Sie den Ablauf, damit jeder weiß, wann Sie worüber sprechen. Jedes Publikum ist dankbar für einen roten Faden, der durchs Labyrinth der Details führt. Der rote Faden ist für den Zuhörer wie ein Lageplan für «Wo befinden wir uns jetzt?», um jederzeit wieder Anschluss an die Präsentation zu bekommen. Für den Präsentierenden kann er ein Ersatz für das Manuskript sein, eine Gedankenstütze für die freie Rede.

Es gibt eine einfache, wirkungsvolle Methode, den roten Faden sichtbar zu machen: Visualisieren Sie mit Farben, Symbolen und grafischen Hilfsmitteln. Oder mit einer Kombination aus alledem – aber unbedingt in Maßen. Wenn vor lauter Farben und Symbolen keiner mehr weiß, worauf Sie hinauswollen, dann verschwindet alles in den visualisierten Details. Für den roten Faden ist auch wichtig: Verwenden Sie im Vortrag genau die Formulierungen, die auch auf den Flipcharts oder an der Pinnwand stehen, jede Abweichung irritiert.

Sprechen Sie über die Details und visualisieren Sie den Überblick.

Ein Beispiel, wie auf Flipcharts der Überblick immer wieder zu sehen ist, finden Sie hier. Mein Seminarthema war die Transaktionsanalyse, und auf dem Überblicks-Flipchart wurden die einzelnen Bereiche als Puzzlesteine dargestellt.

Jeder Puzzlestein erhielt eine andere Farbe. Genauso ein Puzzlestein tauchte dann auf den Flipcharts wieder auf, die die einzelnen Bereiche behandelten. So war der Bezug zum Überblick ständig vor Augen.

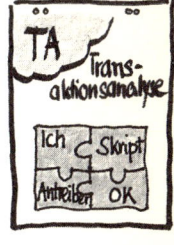

 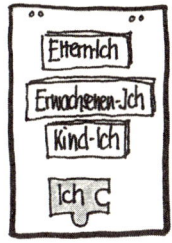 

Sie finden die Hinweise zu Überblick und Detail überflüssig, weil das für Sie selbstverständlich ist? Meine Erfahrung mit Präsentationen und Vorträgen ist: Das, was tatsächlich visualisiert wird, sind Details, Details und noch einmal Details. Overheadprojektor und Beamer verführen ganz

Die goldene Präsentationsregel: Überblick, Überblick, Überblick.

23

besonders dazu. Wenn Sie Ihren Zuhörern aber jeden einzelnen Baum ausführlich erklären, kann es sein, dass diese sich nicht einmal mehr daran erinnern, in welchem Wald sie stehen.

«Aus den Augen, aus dem Sinn.» Dieses Sprichwort müsste alle Vortragenden in tiefste Verzweiflung stürzen, wenn sie gerade die Overheadfolien wieder eingesammelt haben. Nichts mehr zu sehen, und schon ist alles wieder vergessen? War nun die ganze Mühe umsonst? Damit Ihnen das nicht passiert, lassen Sie das Publikum Ihren Überblick während der gesamten Präsentation sehen. Damit er eben nicht, wie die vielen Details auf den Folien, «aus dem Sinn» geht. Dann haben auch die vielen Details eine Chance, erinnert zu werden.

Zeigen Sie den Überblick während der gesamten Präsentation.

Der visualisierte Überblick kann ein Mind Map oder eine hierarchische Gliederung sein, bei der Sie die einzelnen Hauptpunkte in logischer Reihenfolge untereinander schreiben. Nehmen Sie dafür eine eigene Pinnwand, ein eigenes Flipchartblatt oder ein Plakat. Die Folieninhalte können dann, mit einem Hinweis auf die Übersicht, besser zugeordnet werden, und jeder findet sich sofort zurecht.

Und noch ein letztes Argument für das Visualisieren des roten Fadens. Lampenfieber nennt man den Zustand, wenn vor einem Auftritt die Stresshormone durch den Körper toben. Die Hände werden feucht, der Mund wird trocken, Schweiß steht auf der Stirn, Knie, Hände und Stimme zittern. Einen roten Faden zu verwenden, bietet nicht nur dem Publikum Klarheit, sondern auch jedem Präsentierenden ein Sicherungsseil, das das Lampenfieber mindert.

«Das Gehirn ist eine großartige Sache. Es funktioniert vom Augenblick der Geburt bis zu dem Zeitpunkt, wo du aufstehst, um eine Rede zu halten.»
Mark Twain

2.4 Dramaturgie und wichtige Argumente

Eine gute Präsentation ist wie ein Theaterstück. Nichts geschieht zufällig, alles läuft nach einem vorher festgelegten

Plan ab. Sie sind nicht nur Vortragender, sondern auch Regisseur und Dramaturg.

Gestalten Sie einen Höhepunkt, wecken Sie Interesse: Wenn Sie das neueste Auto aus der Serie XL vorstellen, dann zeigen Sie zum Beispiel nicht sofort das ganze Fahrzeug, sondern zunächst Ausschnitte und erst ganz zum Schluss das komplette Bild. Präsentieren Sie das Konstruktionsteam mit einem Bild, und erzählen Sie dazu kurz über die Fähigkeiten und Kompetenzen dieser Menschen – ohne schon von dem Auto etwas zu verraten. Oder zeigen Sie das Auto auf dem ersten Bild zunächst unscharf, um die Neugier zu wecken, und erst als Schlussbild gestochen scharf.

Bauen Sie Spannung auf.

Wenn jede Information, über die Sie etwas erzählen, mit Folien visualisiert wird, dann hat nichts Gewicht. Da rauschen dann 30 PowerPoint-Folien am Publikum vorbei, und keiner weiß, was denn nun wirklich wichtig war. Wenn ich Menschen coache, sie auf Präsentationen vorbereite, dann verblüfft mich, wenn ich frage, was denn bei diesem Thema wirklich wichtig für den Präsentierenden ist, immer wieder die Aussage: «Ja, alles ist wichtig.» Wenn aber alles gleich wichtig ist, dann ist auch alles gleich unwichtig. Fragen Sie sich also bitte immer, was die Hauptargumente oder -informationen sind. Und für diese wichtigen Informationen bereiten Sie ganz bewusst die Visualisierung vor. Zum Beispiel sollten den Kernthesen besonders eindrucksvolle Grafiken oder Fotos vorbehalten bleiben. So vermeiden Sie, dass sich die Zuschauer ein verzerrtes Bild von der Bedeutung und Gewichtung Ihrer Aussagen machen. Wichtig findet Ihr Publikum nämlich das, was sehr oft oder mit sehr eindrucksvollen Bildern gezeigt wird.

Legen Sie fest, welche Ihrer Aussagen besonders wichtig sind.

Falls Sie Ihre Präsentation mit Folien visualisieren, dann erregen Sie bei Ihrem Publikum viel Aufmerksamkeit, wenn Sie das wichtigste Argument zum Beispiel mit Karten auf einer Pinnwand darstellen. Dieser Medienwechsel hat darüber hinaus den Vorteil, dass das Hauptargument oder die Hauptinformation ständig vor Augen bleibt.

Ein guter Trick bei wichtigen Argumenten ist der Medienwechsel.

In der Süddeutschen Zeitung fand ich in der Ausgabe vom 21./22. Juli 2001 einen beeindruckenden Beleg dafür, dass es wichtig ist, sich bei der Visualisierung auf die Kernthemen zu beschränken und andere Medien als erwartet einzusetzen: «Am Vorabend meiner Rede verspürte ich doch ein leises Prickeln, das ich üblicherweise nicht habe», gibt Claus-Michael Dill, Vorstandsvorsitzender der AXA Colonia, unumwunden zu. Der Grund: Anders als bei vergleichbaren Anlässen orientierte sich der AXA-Chef nicht an PowerPoint-Charts. Stattdessen schilderte er seinen 600 Führungskräften anhand von drei überdimensionalen Großbildern, erstellt von den Münchner Visualisierern Reinhard Kuchenmüller und Marianne Stifel, welche Strategie das Unternehmen umsetzen wolle.

2.5 Einstieg und Schluss

Selbst wenn Sie im Hauptteil brillante Informationen für Ihr Publikum bereithalten: Mit einem langweiligen Einstieg machen Sie es Ihrem Publikum schwer, konzentriert bei der Sache zu bleiben. Bauen Sie zum Beispiel einen Spannungsbogen auf, indem Sie gleich zu Anfang eine Frage stellen oder etwas behaupten, was sich durch die gesamte Präsentation hindurchzieht. Die endgültige Antwort gibt es erst zum Schluss.

So könnten Sie fragen: «Welche der Technologien, glauben Sie, setzt sich durch?», und antworten: «Meine Präsentation liefert Ihnen Pro und Contra, und in 25 Minuten können wir diese Frage beantworten.» Dazu visualisieren Sie ein Einstiegs- und ein Schlussbild, das diesen Spannungsbogen unterstützt.

Oder Sie sind als Experte eingeladen und präsentieren ein aktuelles Thema. Sie könnten beginnen mit: «Die Frage an mich lautete, wie der Markt in drei Jahren aussieht. Las-

sen Sie uns gemeinsam fünf wichtige Einflussfaktoren er-
örtern, und nachher, das verspreche ich Ihnen, wage ich für
Sie eine Prognose.» Auch diesen Spannungsbogen können

Sie durch geschickte Visualisierung stützen. Das Fragezei-
chen in der Mitte der Abbildung steht für die am Schluss
versprochene Prognose und wird auch erst am Schluss aufgedeckt oder ersetzt.

Der Schluss einer Präsentation ist entscheidend für das,
was in Erinnerung bleibt. Der richtige Schluss macht eine
Präsentation «rund». Geben Sie jetzt die Antwort auf Ihre
Eingangsfrage. Lösen Sie den Spannungsbogen auf. Wenn
Sie die Zuhörer anfangs nach ihrer Meinung gefragt haben,
fragen Sie sie jetzt noch einmal. Und nehmen Sie sich die
Zeit für eine kurze Zusammenfassung, denn was Sie zum
Abschluss wiederholen, prägt sich besonders gut ein.

Mir persönlich gefällt es sehr gut, wenn Einstieg und
Schluss auch visuell zusammenpassen. Zeigen Sie am Anfang ein Bild, zum Beispiel Bäume im Frühlingsblütenkleid
als Metapher für die Aufbruchstimmung. Das Schlussbild
könnten dann die gleichen Bäume im Herbst sein, beladen
mit Früchten, die es zu ernten gilt. Dazwischen liegt natürlich viel Arbeit.

Wenn Sie zum Einstieg ein humorvolles Comicbild auswählen, zum Beispiel eine Szene aus Asterix und Obelix,
dann sollten Sie auch mit einer Comicszene schließen, die

Runden Sie Ihre
Präsentation ab,
indem Sie Ein-
stieg und Schluss
ähnlich visualisie-
ren.

wieder Asterix und Obelix und nicht eine Szene aus den Peanuts zeigt.

In einem meiner Präsentationsseminare konnte ich eine sehr gute Präsentation über ein Arzneimittel erleben, das für das Krankheitsbild Akromegalie (krankhaftes Größenwachstum) entwickelt wurde. Das Einstiegsbild der Power-Point-Präsentation war eine Profilabbildung des altägyptischen Pharaos Echnaton.

Staunen und Aufmerksamkeit bei den Seminarteilnehmern: «Was hat ein ägyptischer Pharao mit einem Arzneimittel zu tun?» Die Auflösung war, dass die wulstigen Lippen und das lange Kinn Krankheitszeichen von Agromegalie sind. Und als Schlussbild könnte dann – Echnaton am Computer verändert – der Pharao nach einer erfolgreichen medikamentösen Behandlung mit normal großem Kinn und wohlgeformten Lippen gezeigt werden.

Wählen Sie Ihre Einstiegs- und Schlussvisualisierung besonders sorgfältig aus. Wie bei einem guten Konzert kann der furiose Schlussakkord lange in Erinnerung bleiben.

3
Sieben Präsentationssünden

Langweilig ist noch nicht ernsthaft.
Kurt Tucholsky

Vor dem Gremium eines Ministeriums waren vier Anbieter geladen, um die Konzepte für ein großes Projekt zu präsentieren und sich natürlich um den Auftrag zu bewerben. Vor der großen Präsentation hatten alle vier noch Gelegenheit zum Austausch. Sehr beeindruckend wirkte vor allem ein Entwurf, die Daten waren vollständig und sauber analysiert, die Knackpunkte erkannt und gute Lösungsansätze herausgearbeitet worden. Dann kamen die Präsentationen. Der Redner mit dem überzeugenden Konzept ging nach vorne, nahm sich einen Stuhl, stellte ihn neben den Overheadprojektor und legte, ohne das Publikum und die Ministeriumsmitarbeiter eines Blickes zu würdigen, eine Folie nach der anderen auf. Dabei las er den Text genau so ab, wie er auf den Folien stand, sprach, ohne aufzusehen, in die Unterlagen hinein, ohne Blickkontakt zum Publikum. Das Schlimme an dieser Geschichte ist: Sie ist wahr, ich habe sie selbst erlebt.

Wenn eine Präsentation so abläuft, ist etwas falsch. So oft habe ich schon gesehen, dass sehr gute Inhalte durch Visualisierungssünden abgeschwächt wurden. Deshalb habe ich die sieben häufigsten Präsentations- und Visualisierungsfehler, die Sie begehen können, aufgeschrieben. Das Gute ist, sie lassen sich leicht vermeiden, man muss sie nur kennen und berücksichtigen.

3.1 Überfrachten

Das Feuerwerk der Animationseffekte frisst die Aufmerksamkeit, und für die eigentlichen Inhalte bleibt keine Kraft mehr.

Was technisch möglich ist, wird auch visuell umgesetzt – und mit der heutigen Hard- und Software geht da eine ganze Menge. Das zeigt sich vor allem bei PowerPoint-Präsentationen. Da wird zum Beispiel jedes Mal, wenn der Name eines Vorstandsmitglieds auftaucht, ein Foto eingeblendet; Bilanzsummen schweben spiralförmig ein und lassen sich auf der Folie nieder wie Hummeln auf einer Löwenzahnblüte, oder ein neckisches Kuscheltier joggt immer wieder quer durchs Bild wie Buster Keaton auf seinem Weg über die sieben Hügel Roms.

Stichwörter stehen nicht einfach zum Lesen da – sie springen auf die Leinwand, dass es nur so eine Art hat, oder tauchen mal von links unten, mal von rechts oben auf, bisweilen farbig umflort wie von einem Heiligenschein. Gekrönt wird die Präsentation von einem feuerwerkähnlichen Funkensprühen und den Geräuschen dazu. Das alles ist mehr oder weniger nett und belanglos. Doch leider völlig überflüssig.

Mit einer sinnvollen Präsentation, mit dem Vermitteln von Inhalten und Informationen, hat das nicht mehr viel zu tun. Wer so präsentiert, will beweisen, dass er alle technischen und gestalterischen Möglichkeiten beherrscht.

Auch mit Overheadfolien können derartige Exzesse veranstaltet werden. Die Animation entfällt zwar, doch auch hier können Sie mühelos zu viel des Guten tun: zum Beispiel möglichst viel Text auf die Seite quetschen, in den Diagrammen beide Achsen randvoll mit Zahlen beschreiben, und das alles mit mehreren Schrifttypen, fetter und magerer Schrift, Kursivbuchstaben usw. Das alles mag gut gemeint sein. Doch wenn jede Information ihre eigene Schrift, Farbe und Größe hat, einen Rahmen bekommt oder einen andersfarbigen Hintergrund, verliert man den Blick für das wirklich Wichtige einer Präsentation, den Inhalt. Optik wird zum Selbstzweck und stiftet obendrein Verwirrung.

Zu viel des Guten: Zu viele Farben, Schrifttypen und randvolle Seiten ermüden den Zuschauer.

Lassen Sie daher alles weg, von dessen Notwendigkeit Sie nicht restlos überzeugt sind. Wenn Sie unsicher sind, probieren Sie es aus: Halten Sie sich mit Effekten zurück und üben Sie auch Zurückhaltung bei Farben und Schriften. Entrümpeln Sie Grafiken und Diagramme.

Ihre Visualisierung gewinnt dadurch an Klarheit.

Vier Farben, ein Schrifttyp in drei Größen, klare Diagramme – mehr ist nicht nötig.

3.2 Vorlesen

Wenn Sie Ihrem Publikum eins zu eins vorlesen müssen, was es auf der Leinwand, dem Flipchart oder der Pinnwand bereits vor Augen hat, dann stimmt etwas nicht. Entweder ist die Schrift zu klein, und Ihre Folien eignen sich bestenfalls als Sehtest, oder die letzte Stuhlreihe ist zu weit entfernt. Möglicherweise haben Sie eine so charaktervolle Handschrift, dass selbst ein Apotheker beim Entziffern Probleme hätte. Dann sollten Sie üben, üben und nochmals üben, bevor Sie die nächste Folie von Hand beschriften oder am Flipchart arbeiten. Was dort oder an der Wand zu sehen ist, müssen alle lesen können.

Lesen Sie die aufgelegten Folien nicht vor. Lesen kann Ihr Publikum selbst.

Der PC verführt in der Vorbereitung dazu, alle Sätze auszuformulieren. Es schreibt sich ja leicht. Wenn alles auf- und ausgeschrieben ist, fühlt man sich sicherer, man hat nichts vergessen. Präsentierende, die sich mit der freien Rede schwer tun, neigen dazu, alle ihre Gedanken zu notieren. Da stehen dann ellenlange Sätze auf den Folien, und der Referent liest sie vor. Das ärgert jedes normalsichtige Publikum: Lesen kann es selbst.

Verwenden Sie bitte keine ausformulierten Sätze. Stichwörter zeigen Ihnen und dem Publikum, wovon Sie gerade sprechen, und bieten einen visualisierten Überblick. Sie sind der Kristallisationspunkt Ihrer Erklärungen. Sagen Sie dem Publikum, was Ihnen beim Aufschreiben durch den Kopf ging. Und weisen Sie ruhig darauf hin, dass niemand

Für Tafel, Flipchart, Pinnwand und Folien genügen Stichwörter.

mitschreiben muss, denn Sie bieten Ihre Erläuterungen und weitere Hintergrundinformationen selbstverständlich als Handout an (dazu mehr in Kapitel 6).

Sprechen, erklären, erzählen und erläutern Sie, aber lesen Sie nicht einfach ab.

Wie Sie zu Ihren Stichwörtern gekommen sind, Ihren Überlegungen und Hintergrundinformationen, kann das Publikum nicht erraten. Deshalb ist es gut, über die Stichwörter zu REDEN.

3.3 Zu viele Details

Wenn Sie Detailinformationen brauchen, müssen Sie dafür sorgen, dass Ihr Publikum die Übersicht nicht verliert.

Ohne Einzelheiten geht es nicht. Niemand ist damit zufrieden, wenn der Referent die Inhalte nur kurz andeutet, um dann zum nächsten Punkt zu eilen. Das heißt aber nicht, dass eine Präsentation besser ist, je mehr Details sie bietet. Dadurch wird sie im schlimmsten Fall einfach nur langweilig. Informationslawinen, überladen mit komplizierten Einzelheiten, tragen nicht zur Erkenntnis bei, sondern stiften Verwirrung.

Nicht alles, was entfernt mit einem Thema zu tun hat, ist es wert, in einer Präsentation erwähnt zu werden. Schlechte Redner wollen alles sagen, und guten Rednern hat noch nie geschadet, was sie nicht gesagt haben.

Sind viele Einzelheiten erforderlich, weil sich ein Gedankengang anders nicht belegen lässt, muss das Publikum in jedem Stadium der Erläuterung den großen Zusammenhang vor Augen haben. Sonst verliert es den Überblick. Dazu können Sie neben die Leinwand ein Flipchart stellen, auf dem der Überblick zu sehen ist, oder Sie hängen neben das Flipchart ein Plakat, das die Beziehungen und Bedeutungshierarchien zeigt.

Wer weiß, dass er etwas zu sagen hat, kann das auch mit einfachen Worten tun.

Werfen Sie nicht mit Fachbegriffen oder Abkürzungen um sich, die Ihr Publikum nicht versteht. Es ist kein Zeichen von besonderer wissenschaftlicher Tiefe, sich unverständlich auszudrücken, sondern zeigt nur, dass Sie zu wenig Rücksicht auf die Zuhörer nehmen. Wenn diese dem Sinn Ihrer Worte nachgrübeln müssen, verlieren sie leicht den Faden.

Statistiken sind ein gefundenes Fressen für Detailliebhaber. Es ist jedoch eine besondere Kunst, aus vielen Zahlen gute und klare Diagramme zu erstellen. Denn nur wenn Ihr Publikum den Sinn dieser Zahlen versteht, haben die Diagramme ihren Zweck erreicht.

«Jede Zahl in einem Vortrag halbiert die Zahl der Zuhörer.»
Roman Herzog

Streichen Sie während der Vorbereitung die eine oder andere These, hier ein Stichwort, dort einen Satz, entfernen Sie Folien. Was wirklich fehlt, fügen Sie wieder ein, doch meistens geht es auch ohne.

3.4 Fehlender Blickkontakt

Strafen Sie Ihr Publikum nicht mit Missachtung, denn so wird fehlender Blickkontakt auch interpretiert, sehen Sie ihm ins Auge. Das wirkt sympathisch und ist ein Gebot der Höflichkeit. Mit «ansehen» ist aber nicht gemeint, dass Sie schmale Augenschlitze à la «Django» machen. Menschen fühlen sich bedroht, wenn sie mit schmalen Augen angestarrt werden.

Machen Sie Ihre Augen auf und schauen Sie in den Spiegel. Stellen Sie sich vor, Sie stehen vor Ihrem Publikum, Sie sehen die Menschen, die vor Ihnen sitzen, an, Sie sprechen konzentriert zu ihnen. Was passiert dann mit Ihren Augen? Verkleinern oder vergrößern sie sich? Probieren Sie es rechtzeitig vor Ihrer nächsten Präsentation aus.

Menschen mit großen Augen wirken sympathisch. Ein kleiner Trick: Wenn Sie die Augenbrauen anheben, werden die Augen automatisch größer.

Wenn wohlwollende Zuhörer Sie anlächeln oder zu Ihren Ausführungen nicken, dann holen Sie sich bei denen moralische Unterstützung, eine Hilfe, die bei Lampenfieber nicht zu unterschätzen ist. Aber schauen Sie nicht nur einen oder einige wenige Zuhörer an. Mir ist es einige Male passiert, dass der Redner fast über den ganzen Vortrag nur

Blickkontakt mit mir hatte. Ich fühlte mich nicht geschmeichelt, sondern eher belästigt: «Was hab ich nur an mir, dass er immer wieder zu mir hersieht? Da sind doch noch fünfzig andere im Raum!» Zum Verhängnis geworden ist mir wahrscheinlich mein aufmunterndes Lächeln zu Beginn. Versuchen Sie, JEDEN Menschen im Publikum anzusehen, oder geben Sie zumindest allen Menschen das Gefühl, dass Sie sie sehen.

Schenken Sie nicht nur den lächelnden Zuhörern einen Blick.

Es gibt noch einen guten Grund für den Blickkontakt: Sie sehen, ob jemand eine Frage hat und sich meldet, Sie sehen Kopfschütteln oder Kopfnicken und können darauf eingehen.

In Runden, in denen jeder zu Wort kommen soll, zum Beispiel bei Dialogrunden, Meinungsaustausch oder Blitzlichtrunden, ist es selbstverständlich mit den Teilnehmern auf gleicher Höhe zu sitzen. Wenn Sie präsentieren, wirkt Sitzen lässig bis nachlässig, ja sogar desinteressiert, da ist es besser, zu stehen.

Lassen Sie sich Zeit, kein Mensch hetzt Sie, die meisten Menschen hetzen nur sich selbst.

Visualisieren Sie in Ruhe und wenden Sie dann Ihren Blick wieder Ihren Hörern zu. Damit vermeiden Sie, dass Sie eine Folie verkehrt herum oder zu hoch auflegen, die falsche Seite anklicken, eine Seite überspringen oder die Pinnwandkarten schief aufhängen. Hektische Bewegungen wirken unsicher und tragen auch nicht dazu bei, dass Sie sich sicher fühlen.

3.5 Zu wenig Vorbereitung

Eine gute Vorbereitung ist das A und O jeder Präsentation. Auch bei Themen, die Sie in- und auswendig kennen.

Ein Redner, der mitten in der Präsentation anfängt, Folien auszusortieren, oder bei einer Beamerpräsentation laut darüber nachdenkt, dass die Statistik nicht mehr stimmt, raubt seinem Publikum schnell den letzten Nerv. Auch nicht besser ist es, wenn Sie eine Folie zeigen, erst in diesem Moment bemerken, dass Text darauf steht, der nicht gebraucht wird, und sie wieder vom Projektor nehmen oder im Beamer wegklicken, noch bevor die Zuschauer über die ersten zwei Zeilen hinausgekommen sind. Womöglich noch mit den Worten begleitet: «Das müssen Sie jetzt nicht lesen, das kriegen Sie ohnehin in den Unterlagen.» Besonders unerfreulich ist es auch, wenn auf den Folien Abkürzungen verwendet werden, die der Präsentierende plötzlich selbst nicht mehr kennt. Die Stifte schreiben nicht, passende Stifte werden nicht gefunden, oder mit dem Rücken zu den Zuhörern wird im Moderationskoffer noch nach passenden Karten gekramt – auch das ist peinlich. Ich möchte demjenigen dann immer gerne sagen: «Bereiten Sie sich bitte VOR der Präsentation und nicht währenddessen vor.»

Vorbereitung ist lästig. Da hat man viel Zeit auf schön gestaltete Folien verwendet, nächtelang die Visualisierung ausgearbeitet, die Folien schon dreißigmal aufgelegt oder gezeigt. Doch dann ändert sich etwas. Informationen kommen dazu oder fallen weg, die aktuelle Situation, jeder Raum, jedes Publikum ist anders. Aber auch das einunddreißigste Publikum hat ein Recht darauf, mit derselben Aufmerksamkeit behandelt zu werden wie das allererste.

*Sichten und sortieren Sie Ihre Folien **vorher**.*

Fachleute interessiert an Ihrem Thema möglicherweise ein Aspekt, der den Laien nicht so wichtig ist, und umgekehrt. Fachleute überzeugen Sie mit anderen Argumenten als Laien. Und dann müssen bestimmte Folien eben **vorher** aussortiert oder ergänzt werden.

Es gibt kaum Schlimmeres als langatmige, unpräzise Ausführungen, bei denen auch nach zwei Stunden noch nicht klar ist, worauf der Redner hinauswill. Schwammige Aussagen und unausgegorene Ideen auf voll gestopften Folien oder Flipcharts verbieten sich in einem Vortrag genauso wie rätselhafte Zusammenhänge. Bereiten Sie sich vor, gliedern Sie klar, kommen Sie rasch zur Sache. Nur so fesseln Sie Ihre Zuhörer. Alles andere ist verlorene Zeit – fürs Publikum und für Sie.

Eine gute Präsentation benötigt Vorbereitungszeit: um sie aufs Wesentliche reduzieren zu können und die passende Visualisierung zu wählen.

3.6 Pannen

Es wirkt peinlich, wenn Sie den Einschaltknopf nicht finden oder das Stromkabel nicht bis zur Steckdose reicht.

Wie zeigen Sie Ihrem Publikum am besten, dass Sie sich mit der Technik nicht auskennen? Gehen Sie zum Overheadprojektor, betrachten Sie dieses Gerät genau von allen Seiten. Bücken Sie sich, um auch die Unterseite gut sehen zu können. Betasten Sie den Projektor schweigend und konzentriert – bis Sie endlich den Einschaltknopf gefunden haben. Sie können auch noch Ihre Zuhörer mit in das Geschehen einbinden. Sehr beliebt ist die Frage: «Weiß hier jemand, wie das Ding funktioniert?»

Es gehört zu einer guten Vorbereitung, sich die Medien und den Raum, in dem die Präsentation stattfinden soll, vorher anzusehen. Wenn das nicht geht, müssen Sie mit allen möglichen Unwägbarkeiten rechnen: Plötzlich ist das Kabel für den Beamer zu kurz, der Overheadprojektor braucht ein neues Birnchen, die Stühle lassen sich nicht so aufstellen, dass alle gleichzeitig die Pinnwand, das Flipchart oder die Projektionswand sehen können, die Zuschauer ganz links werden vom Deckenlicht geblendet, oder Sie werden zwischen Overheadprojektor und Publikum eingequetscht, weil die Stühle zu weit nach vorne gestellt wurden.

Selbst wenn Sie den Raum kennen, sind Sie vor unliebsamen Überraschungen nicht sicher.

Wenn Sie den Vortragsraum rechtzeitig ansehen, können Sie ungünstige räumliche Voraussetzungen noch während der Vorbereitungsphase korrigieren. Die riesige Topfpflanze, die die Sicht auf die Pinnwände nimmt, können Sie nur gemeinsam mit dem Hausmeister wegschleppen. Ein schmaler Raum, in dem nur wenige Stühle nebeneinander Platz haben, verlangt unter Umständen andere Präsentationsmedien als ein breiter Raum, in dem alle Zuschauer in der ersten und zweiten Reihe sitzen können.

Proben Sie den Einsatz der Medien.

Die meisten Präsentatoren bereiten ihren Vortrag inhaltlich ausgezeichnet vor. Geht es aber darum, ungewohnte Visualisierungswege zu gehen, andere Medien mit einzubeziehen, dann stöhnen viele auf und fragen laut nach, «ob es denn wirklich notwendig ist, sich noch so viel zusätzliche Arbeit zu machen».

Ja, wenn ich eine wirklich gute Präsentation will, dann schon.

3.7 Zu viel Technik, zu wenig Mensch

Auf meine Frage im Seminar, wer von den Teilnehmern denn mit welchen Visualisierungsmedien bereits präsentiert und warum er sich für diese Medien entschieden hat, bekam ich unter anderem diese Antwort: «Am liebsten präsentiere ich mit PowerPoint und Beamer, da brauch ich nichts mehr zu machen, da ist die Präsentation schon fertig.» Die Folien mögen schon fertig sein, aber die Präsentation ist es deswegen noch lange nicht. Fertig ist dann eher das Publikum nach einer solchen Präsentation.

Bitte nicht: erst die Technik, dann der Mensch.

Gute Visualisierung und Technik allein machen noch keine gute Präsentation. Entscheidend für den Erfolg sind immer noch Sie als Person. Das Publikum braucht einen persönlichen Draht zu Ihnen. Zeigen Sie Ihrem Publikum, dass ein Mensch neben der ganzen wunderbaren, technisch und inhaltlich vollkommenen Präsentation steht und sich nicht dahinter verschanzt.

Verstecken Sie sich nicht hinter noch so schöner und effizienter Technik, sondern zeigen Sie sich!

Technik, PC, Overheadprojektor, Tafel, Pinnwand, Flipchart sind immer nur Hilfsmittel – manchmal geniale Hilfsmittel, je nachdem, wie diese gestaltet und eingesetzt wurden, aber trotzdem bleiben es Hilfsmittel. Menschen wollen nicht nur Technik, sondern auch Menschen sehen und erleben. Seien Sie Sie selbst. Auch wenn es genau das ist, was das Lampenfieber verursacht.

Manche Seminarteilnehmer versuchen, sich damit herauszureden, dass «die Inhalte doch wichtig sind, und nicht ich». Wer daran wirklich glaubt, sollte nicht präsentieren, sondern Informationsbroschüren austeilen.

Es ist leicht, eine Präsentation zur Nervenprobe für das Publikum zu machen. Daher wundert mich der Ausspruch von Robert Lembke nicht sonderlich: «Ob sich Redner darüber klar sind, dass 90 Prozent des Beifalls, den sie beim Zusammenfalten des Manuskripts entgegennehmen, ein Ausdruck der Erleichterung ist?»

Sie kennen jetzt die Präsentations- und Visualisierungssünden, und ich wünsche Ihnen, dass Sie nach Ihrer nächsten Präsentation einen tollen Applaus bekommen, weil Ihre Präsentation einfach gut war.

4
Bilder

Denn um klar zu sehen, genügt ein Wechsel der Blickrichtung.

Antoine de Saint-Exupéry

Werden Wort und Bild kombiniert, prägt sich beides tiefer ein. Denn die Bilder erschließen Bereiche der Wahrnehmung, die durch Sprache allein nicht zugänglich sind.

Bilder wirken stärker als das bloße Wort.

Außerdem ist unsere Kultur eine visuelle Kultur. Sie lebt von Bildern. Fernsehen, Plakatwerbung, die Titelseiten der Illustrierten: Alles hat Farbe und Form. Beobachten Sie sich doch einmal selbst, wenn Sie eine Zeitung aufschlagen. Ihr Blick fällt zunächst auf die Fotos, dann auf die Bildunterschriften, schließlich überfliegen Sie die Überschrift und wenden sich erst dann dem eigentlichen Beitrag zu – wenn überhaupt. Der Blick und damit die Aufmerksamkeit «bleiben hängen». Texte ohne Fotos und ohne aussagekräftige optische Gliederung haben die geringste Chance, gelesen zu werden.

Erst wenn sich das Auge an etwas festhalten kann, ist der Geist bereit, sich damit zu beschäftigen.

Oft sind Bilder bei Präsentationen aber Selbstzweck. Ein lustiges Strichmännchen wird an den Bildrand gemalt, ein lächelnder Smiley eingestreut, damit die Zuhörer etwas zu lachen haben. Zu jedem Text findet sich ein Bild, egal ob es passt oder nicht. Auch im Internet kann man Bilder von Menschen in den verschiedensten Berufssituationen entdecken, perfekt aussehende und adrett gekleidete Wesen. Ich dagegen sehe in den vielen Unternehmen, die ich kenne, ganz normale – im positiven Sinn normale – Menschen. Ich muss schon schmunzeln, wenn ein mittelständisches Unternehmen, das zu seinen Wurzeln steht und ge-

Es zählt nicht Masse, sondern Klasse.

rade deshalb erfolgreich ist, bei der Präsentation Bilder weltgewandter Morgens-Frankfurt-mittags-Rom-abends-London-Manager zeigt.

4.1 Warum Bilder?

Wer in Begriffen und nicht in Bildern denkt, verfährt der Sprache gegenüber mit derselben Grausamkeit wie jener, der nur Gesellschaftskategorien und nicht die Menschen sieht.
Ernst Jünger

Bilder entstehen im Kopf. Physikalisch ist klar, wie Bilder in unserem Gehirn abgebildet werden: Nehmen wir an, vor Ihnen auf dem Tisch liegt ein Apfel. Ein Abbild der Wirklichkeit, also das Abbild des Apfels, fällt auf die Netzhaut. Jetzt werden die «Empfangseinrichtungen» der Sehzellen, die Rezeptoren, angeregt, den optischen Reiz weiterzuleiten. Zum Bild wird das Ganze erst im Gehirn. Was das Auge gerade aufgenommen hat, wird dort mit allem verglichen, was früher bereits gespeichert wurde. Kennen Sie Äpfel, wissen Sie, welche Form und Farbe Äpfel normalerweise haben. Oder ist dieses Obst etwas völlig Neues für Sie? Davon hängt es ab, wo das Gehirn die Information einsortiert. Die optische Information wird mit einer Idee, einer Deutung, verknüpft. Dann erst ist das Bild fertig. Voilà: Sie sehen einen Apfel.

Was aber, wenn auf die Netzhaut nicht ein Abbild der Wirklichkeit fällt, sondern das Abbild eines Bildes, also die *Zeichnung* eines Apfels?

Dieser Apfel hat vielleicht mit Obst gar nichts zu tun. Eventuell steht er für den Schweizer Nationalhelden Wilhelm Tell und somit für Schweizer Tradition.

Was im ersten Moment etwas weit hergeholt erscheint,

ist der Kern dieses Buchs: Ideen in Bilder zu verwandeln und auf diese Weise anderen nahe zu bringen. Das beschäftigt das ganze Gehirn – statt wie bei Wörtern nur die linke Gehirnhälfte – und nutzt damit seine Kapazitäten optimal.

Wenn Sie jemandem etwas mitteilen, setzen Sie ihn ins Bild.

Was an Informationen haften bleibt und, vor allem, wie es später wieder zum Vorschein kommt, ist eine Frage, die auch heute noch nicht vollständig beantwortet ist.

Zum Beispiel können Lehrer und Ausbilder ihren Schülern und Azubis noch so viele Zahlen, Daten und Erklärungen einzutrichtern versuchen – aus den Köpfen der Belehrten lässt sich bei der nächsten Prüfung in der Regel kaum die Hälfte wieder hervorkramen.

Woran liegt das? Das 2:0 der Lieblingsmannschaft beim Heimspiel 1995 und die Vornamen aller Boygroupmitglieder der letzten vier Jahre vergessen sie doch auch nicht? Und warum fällt es Teilnehmern von Präsentationen so schwer, sich an das zu erinnern, was gesagt wurde, und an all die Texte auf den PowerPoint-Folien?

Sich zu erinnern, bedeutet, etwas im Gehirn wieder zu finden, was dort abgelegt wurde. Dafür brauchen Sie einen Plan, so wie jeder richtige Schatzsucher einen Plan hat. Solche Pläne sind Landkarten der Erinnerung. Sie entstehen, wenn das Wissen nicht stückchenweise, Detail für Detail, eingetrichtert wurde, sondern auf vielen verschiedenen Wegen und mit zahlreichen Verknüpfungen ins Gehirn gelangt ist.

Zum Erinnern genügt häufig nicht, in den Gehirnschubladen zu stöbern, dafür sind es zu viele.

Entscheidend fürs Erinnern ist ja nicht nur, *dass* das Wissen in den Kopf hineinkommt, sondern ebenso, auf welchem Wege das geschieht. Nutzen Sie Augen, Ohren und Gefühle. Dass man sich Liedtexte so viel leichter merkt als Lateinvokabeln, das hat mit Interesse zu tun, mit Begeisterung und Leidenschaft. Also mit Gefühlen. Bilder sind hervorragend geeignet, um Aufmerksamkeit und Gefühle zu wecken. Nicht umsonst arbeitet die Werbung, der es ja darauf ankommt, dass Menschen sich an etwas erinnern,

Wenn etwas mit starken Gefühlen verbunden ist, wird es im Gehirn schneller und zuverlässiger verarbeitet und lässt sich leichter wieder abrufen.

hauptsächlich mit Bildern. Für Vorträge und Präsentationen bedeutet das: Bilder, die Gefühle wecken, behält Ihr Publikum besser in Erinnerung.

Bilder sind darüber hinaus besonders nützlich zum Vermitteln von Argumenten. Um jemanden von einer Sache zu überzeugen, genügt es nicht, ihm zu sagen, was er wissen soll. Er muss es auch wissen *wollen*. Dafür muss er Interesse aufbringen, und Interesse wecken Sie nachweislich leichter mit Bildern als mit trockenen Worten. Doch Sie wecken damit nicht nur Interesse, sondern vermitteln auch Erkenntnis. Das haben Sie vermutlich auch schon erlebt: Ein scheinbar verworrener Gedanke entwirrt sich plötzlich, weil jemand mit einer Skizze zeigt, wie alles zusammenhängt. Beschreibt mir jemand am Telefon wortreich den Weg zum Tagungsort, dann bin ich auf der Fahrt verloren. Ich erinnere mich höchstens noch an einzelne markante Aussagen wie «Bei dem großen Möbelhaus mit dem Bären vor dem Eingang biegen Sie links ab». Deshalb mache ich mir eine Skizze mit den wichtigsten Stichpunkten, zeichne die Kirche, bei der ich abbiegen muss. Ohne die Zeichnung hätte ich den Weg gar nicht oder nur mit mehrmaligem Anhalten und Nachfragen gefunden. Das, was Sie – zu Recht – bei einer alltäglichen Wegbeschreibung völlig normal finden, gilt für Präsentationen genauso.

Wer eine Idee in ein Bild verwandeln will, muss sie zunächst auf ihren Kern reduzieren. Reduzieren heißt: Wichtiges von Unwichtigem unterscheiden und das Unwichtige streichen. Das bietet sich für komplexe Zusammenhänge geradezu an. Der Knackpunkt ist also: Was ist in Ihrer Präsentation für Sie wirklich wichtig? Wenn Sie sich entschieden haben, dann versuchen Sie, es mit einem Bild darzustellen. Das ist oft überzeugender als mit Worten, denn Sprache ist nicht so klar und eindeutig, wie man glauben möchte.

Der Wunsch, eine Idee zu visualisieren, hilft Ihnen beim

Ein Bild erhellt Zusammenhänge und erleichtert es, komplexe Gedankengänge zu verstehen.

Visualisieren hilft Ihnen, Kernaussagen herauszuarbeiten.

Denken und beim Formulieren. Sie sind gezwungen, sich besonders sorgfältig Gedanken zu machen, sorgfältiger vielleicht, als wenn Sie Ihren Vortrag auf Worte beschränkt hätten. Sie bekommen dadurch einen klaren, logischen Aufbau, und das Publikum behält einen Großteil des Inhalts.

Für die Auswahl der Bilder kommt es darauf an, ob Sie Ihre Präsentation zum Beispiel sachlich-nüchtern oder humorvoll gestalten. Nehmen Sie lieber weniger Bilder als zu viele, und wechseln Sie zwischen reinen Textfolien und gut gemachten Grafiken ab. Ihre Zuschauer brauchen diesen Wechsel, und zwar selbst dann, wenn die Inhalte brillant und die Argumente gescheit sind. Wer mag schon immer nur Sahnetorte …?

Immer dasselbe ist auf die Dauer langweilig.

Ich kann mich noch gut an eine Tagung erinnern. Eine PowerPoint-Präsentation jagte die andere. Eine Referentin erzählte zum Abschluss ihrer Präsentation noch etwas und ließ dabei Laptop und Beamer an. Plötzlich erschienen auf der großen Leinwand die Gipfel der Dolomiten im Abendlicht und ein riesiger silberner Mond. Ein vernehmliches «Ah!» ging durchs Publikum. Die Referentin hatte vergessen, ihren Bildschirmschoner auszuschalten. Noch beim Abendessen sprachen alle von dem wunderschönen Bild, aber leider nicht über den Inhalt der Präsentation.

Dieses Bild sinnvoll eingesetzt, bedeutet, dass das Publikum eine Beziehung zwischen dem Bild der Südtiroler Berge und dem Inhalt der Präsentation erkennt. Als Auftaktbild zu einer Präsentation über Wissensmanagement könnten Sie zum Beispiel das Dolomitenpanorama mit den Worten einblenden: «Berge von Wissen stehen uns zur Verfügung – Wissensmanagement zeigt uns den Weg.» Im Schlussbild wären dann vielleicht Bergsteigergruppen auf dem Gipfel. Der Überblick über die Inhaltspunkte könnte so aussehen:

Wenn Sie die Wirkung von Bildern meisterhaft nutzen, fesseln Sie Ihr Publikum.

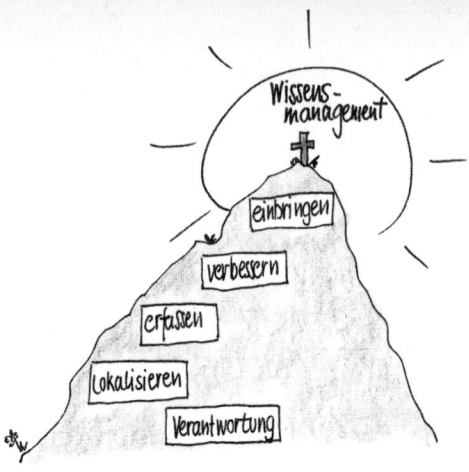

Das Publikum könnte zum Schluss mit den Teilnehmer-unterlagen einen Karabinerhaken bekommen, oder die Unterlagen wären mit einem Stück Kletterseil zusammen-gebunden. Sehen Sie, was sich aus einem Bild alles machen lässt? Deshalb bitte nicht die Südtiroler Bergwelt zeigen, einfach weil sie so schön ist. Sonst haben Sie den Effekt, der bei manchen Werbespots im Fernsehen zu erleben ist: Jeder erinnert sich an den Werbespot, aber keiner an das Pro-dukt oder die Dienstleistung, die damit beworben wurde.

Bedenken Sie, dass die meisten Ihrer Zuschauer wenig Zeit haben und im Berufsalltag mit Vorträgen und Präsen-tationen geradezu überschüttet werden. Sie möchten ohne langwierige Umwege verstehen, worum es geht, und des-halb sollten Sie rasch zur Sache kommen. Selbstverständ-lich darf eine Präsentation auch Spaß machen. Manchmal ist es ein Balanceakt, die Zuhörer und Zuschauer zu fesseln und zum Lächeln zu bringen, ihnen aber dennoch keinen Moment lang das Gefühl zu vermitteln, sie verplemperten ihre Zeit.

Warum kann man mit einem Bild so viel leichter einen Aha-Effekt auslösen als mit Sprache? Bilder faszinieren,

Humor, Schmun-zeln und Lachen sind ideal, um Gefühle zu we-cken.

weil sie – anders als Wörter – unmittelbar wirken. Das hängt mit der Art und Weise zusammen, wie das Gehirn sie aufnimmt und verarbeitet. Denken, so vermuten die Gehirnforscher mittlerweile mit gutem Grund, vollzieht sich in Bildern. Es sind nicht nur visuelle Bilder, um die es dabei geht – auch somatische und auditive –, aber die visuellen haben einen sehr großen Anteil.

Zeigen Sie nur Bilder, von denen Sie möchten, dass Ihre Zuschauer sich daran erinnern. Nichts ist fataler, als wenn man von Ihrem Vortrag vor allem eines im Gedächtnis behält: das Bild, wie Sie Ihren Laptop am Kabel elegant vom Tisch gerissen haben.

> Am stärksten fesseln Bilder, die eine Geschichte erzählen, am wenigsten diejenigen, die selbst zum Zeichen geworden sind: Symbole.

4.2 Vom Inhalt zum Bild

Wenn Sie jetzt sagen: «Okay, okay, hören Sie auf, Sie haben mich überzeugt, Bilder sind zweifellos eine tolle Sache – aber woher nehmen und nicht stehlen?», dann sind Sie damit nicht allein. Nicht jedem gelingt es mühelos, sich für einen Begriff oder eine Idee sofort ein Bild vors innere Auge zu rufen.

> Gedanken in Bilder zu verwandeln, ist Übungssache.

Visualisieren lässt sich aber trainieren. Je öfter Sie versuchen, sich von einer Sache ein Bild zu machen, desto schneller wird es Ihnen gelingen. Stellen Sie sich die Frage: «Was bedeutet dieser Begriff für mich?» Versuchen Sie, sich unter Gewinnmarge, Geschwindigkeit oder Marktanalyse etwas vorzustellen.

Los geht's:

Sehen Sie bei **Gewinnmarge** den «Tropfen auf dem heißen Stein»?

> Trainieren Sie Ihr Gehirn mit kreativer Gymnastik und finden Sie Bilder zu den Inhalten.

Oder müssen Sie die Gewinnmarge mit der Lupe suchen?

Oder sehen Sie einen prall gefüllten Sack mit Münzen?

Oder ist sie der Stützpfeiler, der die Menschen im Unternehmen trägt?

Weiter geht's:

Was sehen Sie bei **Geschwindigkeit**? In welchem Zusammenhang steht sie? Die Geschwindigkeit, mit der neue Produkte entwickelt werden? Die Schnelligkeit der Auslieferung? Vielleicht assoziieren Sie mit Geschwindigkeit etwas Langsames, im schlimmsten Fall das Tempo, mit dem bei Ihnen Kundenanfragen beantwortet werden, das Bild einer Schnecke?

Oder Sie sehen ein Transportmittel? Ein Auto, einen Lastwagen, einen Güterwaggon, ein Flugzeug?

Oder etwas nach dem Motto «Geschwindigkeit ist keine Hexerei» und dazu eine Hexe auf einem Besen?

Und weil aller guten Dinge drei sind: Welches Bild können Sie sich bei einer **Marktanalyse** vorstellen?

Den meisten Menschen fallen zur Marktanalyse Grafiken ein. Völlig in Ordnung, wenn die Grafik gut gestaltet ist.

Aber es gibt auch noch andere Möglichkeiten.

Vielleicht arbeiten Sie ja in einem überschaubaren Markt mit vier Mitbewerbern, also vier Marktständen. Wo stehen dann die meisten Menschen?

Visualisierungsideen finden

Wie komme ich auf meine Visualisierungsideen? Ich habe mir beigebracht, meine Ideen nicht schon zu verwerfen, bevor ich sie überhaupt gedacht habe. Sie kennen das wahrscheinlich: Wenn wir anfangen, Ideen für eine Präsentation zu sammeln, ruft sofort eine innere Stimme: «Das passt doch nicht zu uns!» oder «Das hat bei uns noch niemand gemacht!» oder «Alle visualisieren mit Grafiken, da kann ich doch nicht aus der Reihe tanzen!». Wie bei einem Pingpongspiel kommt nach dem ersten Ideen-Ping schon das kritische Pong. Ideensammeln wird da zur Qual, und irgendwann hat man von dem ganzen Pingpong genug und visualisiert wieder genauso wie bisher.

Es hilft, wenn Sie sich vorstellen, dass dieser kreative Prozess in drei Phasen entsteht.

Beim **Ping** sammeln und entwickeln Sie Gedanken, Neues entsteht. Hier werden die wildesten und abwegigsten Ideen geträumt, es geht um Phantasie und Visionen. Nicht jeder Gedanke ist das Ei des Kolumbus, aber der eine gibt den Anstoß für den nächsten, und plötzlich sprudeln

PING: herumspinnen, träumen, Ideen finden.

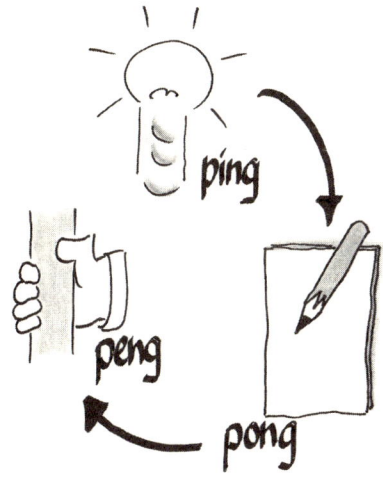

die Ideen. Wenn Präsentationen schon lange auf ein und dieselbe Art und Weise gemacht wurden, ist es höchste Zeit, endlich einmal ins Spinnen zu kommen.

In der **Pong**-Phase sortieren Sie aus und klopfen die Ideen daraufhin ab, ob sie umsetzbar, durchführbar, realistisch, praktisch und sinnvoll sind. Hier prüfen Sie den Sinn und Nutzen für sich selbst, für Ihre Kunden und andere Menschen in Ihrem Umfeld, melden Bedenken an, überlegen Konsequenzen und formulieren Befürchtungen, zum Beispiel: «Passt meine Visualisierung zu meiner Zielgruppe?»

PONG: Kritik üben, Prioritäten setzen.

Es kommt immer wieder vor, dass in der Pong-Phase Generalisierungen auftauchen (nie wird …, immer hat …, keine Idee bisher …, alle anderen …, früher ging es doch auch …). Achten Sie darauf, dass Sie hier positiv kritisieren, Sie sollen Ihre Ideen nicht niedermachen.

PENG: umsetzen, tun.

In der letzten Phase, beim **Peng**, werden die für gut befundenen Visualisierungsideen in die Praxis umgesetzt. Hier krempeln Sie die Ärmel hoch, zeichnen, entwerfen und legen los.

Die Idee müssen Sie selbst entwickeln – umsetzen können sie auch andere.

Sie haben durchaus gute Bildideen, aber keine künstlerische Ader? Verbauen Sie sich nicht von vornherein den Weg zu einem Bild, das wäre schon wieder ein Pong. Irgendjemand findet sich immer, der malen, zeichnen oder fotografieren kann. An der praktischen Verwirklichung wird es nicht scheitern. Machen Sie eine Skizze und holen Sie sich anschließend Unterstützung. Die Idee müssen Sie selbst entwickeln, die Ausführung können Sie delegieren.

Wichtig ist, dass jede Phase angemessenen Raum erhält. Wir neigen im Arbeitsalltag und auch im Privaten dazu, die drei Phasen zu vermischen, und vernichten eine kaum aufgekeimte Idee gleich wieder. Manche Seminarteilnehmer fürchten auch: «Wie soll ich die vielen Ideen denn nur umsetzen, so viel Zeit habe ich ja gar nicht?» Ein Ping ist eine Idee – Umsetzungszwang besteht nicht. Je mehr Ideen Sie haben, desto mehr können Sie später aussortieren. Oder kennen Sie jemanden, der Radieschen sät, indem er nur alle zehn Zentimeter ein Samenkorn in die Erde drückt? Die Samenkörner werden in einer Reihe gesät, und erst wenn sich das Grün zeigt, wird ausgezupft.

Lachen oder schmunzeln Sie viel in der Ping-Phase – Lachen ist äußerst hilfreich beim Herumspinnen.

Und notieren Sie jede Idee, schreiben Sie alles auf. Sie wissen ja: Aussortiert wird erst beim Pong.

Schaffen Sie sich ein Ping-Pong-Peng-Ritual.

Vielleicht wissen Sie ja schon, wo Sie gut träumen können. Und erzählen Sie mir nicht, das ginge nur im Urlaub, es sei denn, Sie haben zehn Monate im Jahr frei. Wenn wir nicht auch in Alltagssituationen Platz für Träume schaffen, wann denn dann? Gehen Sie, wenn das möglich ist, für jede Phase an einen anderen Ort. Ich bevorzuge für die Ping-Phase meinen Lieblingssessel im Büro. Sie können aber auch spazieren gehen, natürlich immer mit Zettel und Stift.

Menschen haben meist unbewusst eine Vorliebe für eine der drei Phasen. Ich stelle bei vielen fest, dass sie dem Ping sehr wenig Raum geben, dem Pong dafür umso mehr. Aber alle drei sind gleich wichtig.

Haben Sie eine Vorliebe?

Die Methode, mit der Sie zu Ihrer Bildidee kommen, ist vielleicht am Anfang ungewohnt oder mühsam. Eine gute Visualisierung, die auch einmal vom normalen Weg abweicht, besteht aber nie aus einer guten Idee allein, sondern ist immer das Produkt aller drei Phasen.

Legen Sie Ihr Ziel fest

Wollen Sie mit Ihrer Präsentation informieren? Dann brauchen Sie sachliche Argumente. Die müssen Sie in ganz klaren Bildern zur Verfügung stellen. Und wenn Sie noch so viel Arbeit in Ihre Vorbereitung gesteckt haben und gerne zeigen würden, was Sie alles wissen: Tun Sie es bitte nicht. Legen Sie die wirklich wichtigen Punkte fest und visualisieren Sie sie mit Bildern oder Diagrammen.

Verwenden Sie für Informationspräsentationen nur die Quintessenz Ihrer Zahlen und Fakten.

Oder wollen Sie überzeugen? Dann sollten Sie bei Ihrer Visualisierung Bilder oder Zeichnungen verwenden, die das Gefühl ansprechen. Bei einer Informationspräsentation ist ein Motto nicht unbedingt notwendig, bei einer Überzeugungspräsentation aber auf jeden Fall. Dass Menschen sehr oft aus dem Bauch heraus entscheiden und diese Entscheidungen erst im Nachhinein rationalisieren, spricht nicht gegen Sachargumente. Wenn Sie beispielsweise Geld bekommen wollen, damit ein Projekt weiterläuft, sollten Sie Gründe dafür liefern, das Projekt am Leben zu erhalten. Und visualisieren Sie diese Aussagen so,

Mit Bildern sprechen Sie bei Überzeugungspräsentationen Gefühle an.

dass sie zu dem Motto passen. Erinnern Sie sich noch an den Apfel als Bild für die Schweizer Tradition? Wenn das Geld für das Schweizer Projekt knapp wird, könnten Sie zum Beispiel den Apfel scheibchenweise zerlegen.

Vielleicht schaut aus dem Apfel ein Wurm heraus, als Bild für «Da steckt schon der Wurm drin».

Suchen Sie sich ein Motto

Was ist Ihnen besonders wichtig, was wollen Sie hervorheben, und welches Motto eignet sich dafür?

Ein Motto spricht das Gefühl an. Zitate, Sprichwörter, Buch- oder Filmtitel oder ein allgemein bekannter Slogan beleuchten einen Aspekt Ihres Themas, den Sie dann nicht mehr in Worte fassen müssen. Und in den meisten Fällen lässt sich das Motto leicht in ein Bild umwandeln. Hier ein Beispiel: Die Leiterin einer Hauswirtschaftsschule musste eine Rede vorbereiten. Es war der Abschluss des Pilotprojekts «bäuerlicher Hausgarten», an dem mehrere Schulen und auch politische Institutionen beteiligt waren. Entsprechend hochrangige Besucher und Redner aus Politik und Verwaltung waren zur Abschlussfeier eingeladen worden. Entsprechend aufgeregt war auch die Leiterin bereits bei der Vorbereitung der Rede.

Wie gingen wir nun ganz konkret vor?

Meine erste Frage an sie war: «Was ist wirklich wichtig für diese Rede?» Also genau die Frage, die Sie aus dem zweiten Kapitel schon kennen, haben wir uns auch gestellt. Dann suchten wir nach einem Motto. Alles, was uns zum Thema bäuerlicher Hausgarten einfiel, schrieben wir auf – die Ping-Phase. Schließlich entschied sie sich für das Bibelzitat: «An ihren Früchten sollt ihr sie erkennen.»

Der nächste Schritt war, ein passendes Bild zu finden. Was lag näher als ein Obstkorb voller Früchte, frisch und saftig? Die Kernaussage steckt genau in diesem Bild: Gute Früchte stehen für eine gute Sache.

Und jetzt lesen Sie, was die Leiterin mir nach der Rede schrieb: «Der Vorschlag für das Motto war hilfreich – in dieser Form habe ich das nie gesehen, und es hat super funktioniert. Das schönste Gefühl hatte ich aber dann beim anschließenden Büffet, wo ich mehrere Komplimente zu meiner Rede bekam, von Leuten, die ich sehr schätze. Der Bibelspruch und der Obstkorb hatten sehr beeindruckt und sind sehr gut angekommen.»

Wie kommen Sie zu einem Motto? Wichtig ist, dass das Publikum den Satz schon einmal gehört hat. Das können aktuelle Film- oder Liedtitel sein, der Titel einer erfolgreichen Fernsehshow oder auch Klassiker wie «Wem die Stunde schlägt» – zum Beispiel als Motto für eine Motivationsrede. Wenn das Publikum zu grübeln anfängt, das Motto fremd findet und sich fragt, was es mit Ihrer Äußerung und den Bildern wohl auf sich haben mag, dann könnten Sie noch so spannend erzählen – erst einmal wäre die Aufmerksamkeit weg. Die Hörer wären abgelenkt, würden Ihnen nicht folgen und würden keinen Bezug zur Visualisierung finden. Erklären Sie deshalb Neues immer mit Vertrautem.

Aus dem Motto entwickeln Sie dann ein Bild.

Verwenden Sie bekannte Zitate, Sprichwörter, allgemein bekannte Slogans, Buch-, Lied- oder Filmtitel.

Liedtitel:

«I did it my way» ➜ ein Weg, eine Straße im Sonnenuntergang, Silhouette von New York.

«Für mich soll's rote Rosen regnen» ➜ Rosenblätter, Rosenblüten.

Zitate:

«Wenn du ein Schiff bauen willst, so trommle nicht Männer zusammen, um Holz zu beschaffen, Werkzeuge vorzubereiten, Aufgaben zu vergeben und die Arbeit einzuteilen, sondern lehre sie die Sehnsucht nach dem weiten, endlosen Meer.» (Antoine de Saint-Exupéry) ➜ Schiffe im Hafen, Schiffe auf See, nur Wellen.

«Auch mit Steinen, die dir in den Weg gelegt werden, kannst du etwas Schönes bauen.» (Erich Kästner) ➜ Steinmauer, Bauwerk, Straße.

Sprichwörter:
«Es wird nichts so heiß gegessen, wie es gekocht wird.» ➜ Kochtopf, Feuer, Teller mit Besteck.

«Wie Gott in Frankreich leben.» ➜ Landkarte von Frankreich, die französische Fahne, Restaurantszene.

«Was man an der Saat spart, das verliert man an der Ernte.» ➜ Bauer beim Pflügen, Getreidefeld, mit Korn beladener Wagen.

Ob dieses Bild dann ein Foto, eine Zeichnung oder sogar ein realer Gegenstand ist, hängt davon ab, welches Medium Sie verwenden: Für die PowerPoint-Visualisierung nehmen Sie das Foto, auf dem Flipchart oder als Mittelpunkt eines Mind Maps die Zeichnung, und den echten Obstkorb stellen Sie auf das Podium oder neben das Rednerpult, wenn Sie einen Vortrag über Bauerngärten halten.

Sobald Sie auf den Obstkorb deuten oder das Bild vom Obstkorb einblenden, werden Ihre Zuschauer damit angenehme Gefühle verbinden. Allen läuft das Wasser im Munde zusammen. Das Bild dient dazu, Ihrem Publikum angenehme Empfindungen zu vermitteln, damit es sich Ihren Argumenten öffnet. Was liegt also näher, als die Präsentation kulinarisch abzurunden, indem Sie jedem Teilnehmer zum Abschied eine Frucht aus dem Obstkorb schenken?

Metaphern

Metaphern (griechisch: «metaphora», die Übertragung) und Redewendungen sind ebenfalls eine gute Grundlage für Visualisierungen. Redewendungen und Metaphern sind nicht wörtlich gemeint. Sie gelten im übertragenen

Sinne. Metaphern funktionieren, weil sich hier Sprache in Bilder verwandelt und mit Assoziationen und Vergleichen gespielt wird. Um die Verbindung herzustellen, muss der Zuschauer erkennen, was in der Metapher miteinander verglichen wird. Das Ergebnis ist ein Aha-Effekt: kapiert! Etwas verstanden zu haben, ist ein angenehmes Gefühl, und der Zuschauer bleibt gern bei der Sache.

Metaphern erklären nicht, sie machen einen Zusammenhang anschaulich und regen zum Nachdenken an.

«XY kämpft wie ein Löwe» – das ist eine Redewendung. Die Metapher dazu: «der Löwe XY». Zeigen Sie eine Uhr mit dem kleinen Zeiger auf der Zwölf und dem großen auf der 11, so ist klar: «Es ist fünf vor zwölf, allerhöchste Zeit.»

Der Elefant steht nun einmal für Größe, eine schnelle Aufwärtsentwicklung ist raketengleich, die Abteilungen ziehen – hoffentlich – an einem Strang, und das Fehlschlagen eines Projekts kann wie das Erlöschen einer Kerze sein. Verbunden mit dem Zitat «Es ist besser, eine Kerze anzuzünden, als über die Dunkelheit zu klagen», entzünden Sie dann am Ende der Präsentation eine Kerze. Besser eine zu bekannte Metapher als eine, an der jeder herumrätseln muss.

Haben Sie keine Angst vor gängigen Metaphern und Redewendungen.

Wirkung auf die Zielgruppe

Kein Bild ist von vornherein gut oder schlecht, richtig oder falsch. Ob es passt oder nicht, hängt davon ab, wofür Sie es einsetzen wollen.

Bilder wirken auf jeden anders. Was den einen anspricht, lässt den anderen kalt, was der eine lustig findet, ist für den anderen geschmacklos.

Fotos und Cartoons können Ihrer Präsentation den besonderen Kick geben, sind allerdings auch riskant. Je komplizierter die Verbindung zwischen dem, was Sie visualisieren wollen, und Ihrem Bild ist, desto genauer müssen Sie die Situation und Ihr Publikum kennen, damit die Präsentation etwas fürs Auge ist, aber nicht ins Auge geht.

Wie Bilder wirken, hängt nämlich nicht nur von den Bildern selbst ab, sondern auch von denen, für die sie gedacht sind. Eine Gruppe jugendlicher Computerfreaks findet es wahrscheinlich cool, wenn Ufos durch die Folien geistern, eine Gruppe Geschäftsleute verschrecken Sie damit eher. Was Jüngere als lustig und originell ansehen, ist für Ältere möglicherweise albern. Was Frauen mögen, muss Männern noch lange nicht gefallen. Was früher richtig war, kann heute völlig daneben sein.

Ganz wichtig sind kulturelle Unterschiede. Mit Metaphern und Symbolen können Sie da extrem danebenliegen.

Andere Kulturen kennen viele unserer Symbole gar nicht oder interpretieren sie völlig anders. Für uns ist die Eule ein Symbol der Weisheit. In Südostasien gilt sie als besonders dummes, böses Tier. Das hat die UNO einmal viel Geld gekostet, weil sie einen Film mit der Eule als Sympathieträger für den asiatischen Raum komplett neu drehen musste. Ein Araber wird womöglich gar nicht erkennen, dass ein vierblättriges Kleeblatt Glück verheißt – er sieht es stattdessen als Hinweis auf ein Pflanzenlexikon. Deshalb prüfen Sie auch Glücksschweine, Schornsteinfeger und Freitag, den 13., zunächst auf Kulturtauglichkeit.

Die Zielgruppe ist wichtig, aber keine heilige Kuh. Bleiben Sie Sie selbst.

Die Visualisierung muss nicht nur zu Ihrer Zielgruppe, sondern auch zu Ihnen passen. Ich erlebe es oft, dass Präsentierende sich verbiegen, weil «die Zielgruppe» die Präsentation angeblich so und nicht anders brauche. Wenn Sie sich unwohl fühlen, dann strahlen Sie das auch aus.

Probieren Sie aus, wie Ihre Bilder wirken.

Für welche Bilder Sie sich letzten Endes auch entscheiden: Testen Sie die Wirkung bei Kollegen, ehe Sie vors Publikum treten. Sonst kann es zu bösen Überraschungen kommen. Und durchforsten Sie auch Präsentationen, die Sie länger nicht gehalten haben. Bilder mit Hochhäusern, blauem Himmel und Flugzeugen lösen seit dem 11. September völlig andere Gefühle aus. Bilder von glücklichen Schweinen passen nicht in eine Präsentation, wenn die Schweinepest gerade die Schlagzeilen aller Zeitungen beherrscht.

4.3 Bildtypen

Die Kernaussage haben Sie, die Bildidee auch. Und jetzt? In welche Art von Bild setzen Sie Ihren Gedanken nun um?

Zahlen in Diagramme, das hatten wir schon. Aber es gibt noch mehr: Symbole, Fotos und Cartoons. Sie können auch selbst zeichnen. Mit ein wenig Übung und ein paar Tipps und Tricks klappt es, und das Publikum ist beeindruckt.

Entscheidend ist, dass das Bild eine Beziehung zur Präsentation hat und nicht einfach nur der Dekoration dient.

Mind Mapping

Schon durch Schrift entstehen Bilder. Eine besondere Variante ist das Mind Map. Seine Verästelungen machen Zusammenhänge deutlich, die den geschriebenen Wörtern allein nicht zu entnehmen wären. Solche Mind Maps finden Sie in Kapitel 5 als Vorschlag zur Gestaltung von Folien oder Tafelmedien. Mind Maps werden mit Schrift und Bildern gestaltet und eignen sich sehr gut dazu, eine Präsentation zu strukturieren. Manche Zuschauer haben ein regelrechtes Aha-Erlebnis, wenn sie ein Mind Map sehen. Obwohl es diese Art der Darstellung seit gut dreißig Jahren gibt, ist sie für viele immer noch neu und ungewohnt. Mind Maps kann man komplett zu Hause vorbereiten, aber ebenso gut während der Präsentation entwickeln. Ungeübten empfehle ich wärmstens die Vorbereitung daheim. Private Mind Maps, also Mind Maps, die ich nur für mich zum Ideensammeln oder Strukturieren mache, dürfen aussehen, wie es gerade kommt. Das Mind Map für eine Präsentation aber muss gut gestaltet sein, und das wiederum geht nicht ohne Übung.

Vom Text zum Bild mit Mind Maps für den Überblick.

Symbole

Symbole sind nach streng wissenschaftlicher Definition visuelle Zeichen, die keinen direkten Bezug zum dargestellten Objekt haben und ihm nicht notwendig optisch ähnlich sind. Was ein solches Symbol (griechisch «symbolon», das Erkennungszeichen) bedeutet, haben wir irgendwann

Symbole sind
vereinfachte
Bilder und Zeich-
nungen ohne
1:1- Beziehung
zum dargestell-
ten Gegenstand.

gelernt. Wir wissen, dass die Rechenzeichen «+» und «–»
für Plus und Minus stehen und dass das weiße Dreieck mit
rotem Rand, das auf der Spitze steht, «Vorfahrt achten» bedeutet. Für dieses Buch erweitere ich den Symbolbegriff.
«Symbol» nenne ich hier alle mehr oder weniger stilisier-
ten Bilder, also auch alle Piktogramme wie zum Beispiel
den Rollstuhlfahrer, der Behindertensitzplätze und -park-
plätze kennzeichnet. Ich dehne den Begriff sogar auf Clip-
Arts aus, die kleinen Computergrafiken, die sich genauso
einsetzen lassen wie echte Symbole: zur Illustration eines
Gedankens.

Im PC finden Sie eine Fülle von Symbolen für Ihre Folien. Und für Tafel, Flipchart und Pinnwand sind Symbole
geradezu ideal, denn sie lassen sich einfach nachzeichnen
und wirken handgezeichnet sogar besonders gut.

Auch bekannte
Symbole müssen
Sie kurz erklären,
wenn Sie sie mit
einer neuen
Bedeutung ver-
sehen.

Wenn Sie Symbole verwenden, die das Publikum nicht
kennt, dann erläutern Sie deren Funktion und Bedeutung,
sobald sie zum ersten Mal auftauchen.

Ich verwende gerne dieses Symbol, wenn es darum geht,
Zeiten festzulegen, oder wichtige Termine ins Auge fallen
sollen. Ein paar Worte genügen normalerweise,
und alle wissen, was damit gemeint ist.

Zusammenhänge symbolisieren Sie treffend mit
Pfeilen, die noch dazu leicht zu zeichnen sind.

Aufzählungen werden übersichtlicher durch:

▪ Kästchen,
• Punkte,
– Striche.

Und noch ein paar Symbole:

steht für «noch zu erledigen».

steht für «schon erledigt».

steht für «Kosten».

56

steht für «Sie erhalten nach der Präsentation die Teilnehmerunterlagen per Post».

 steht für «Sie erhalten nach der Präsentation die Teilnehmerunterlagen per E-Mail».

 steht für «Zu diesem Punkt der Präsentation erhalten Sie Unterlagen».

 steht für «So ist die Stimmung der Anrufer in unserem Call-Center».

 steht für «Hintergrundinformation beleuchten».

 steht für «Sprechen Sie diesen Teil der Präsentation unbedingt mit Ihren Mitarbeitern durch».

 steht für «Den Film zu unserer Tagung können Sie sich nächste Woche im Intranet ansehen».

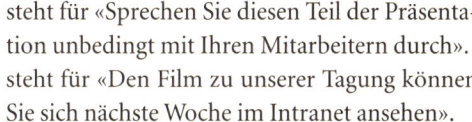

Jeder versteht Symbole – wenn sie sinnvoll sind, wenn sie zum Beispiel ein Stichwort ersetzen, und nicht irgendwo nur zur Zierde angebracht sind.

Symbole treffen ins Schwarze.

ClipArts sind Computergrafiken für beinahe jeden Zweck. Es gibt auf Ihrem Rechner und im Internet jede Menge gut gestalteter ClipArts in jeder denkbaren Stilrichtung. Setzen Sie ClipArts nie willkürlich ein, sondern wählen Sie die Bilder immer nach stilistischen Kriterien aus. Auch Microsoft weist mittlerweile darauf hin, dass für jedes Projekt nur ein einziger ClipArt-Stil verwendet werden sollte. Wenn allerdings die Präsentation aus einer Flut von Folien besteht und der Präsentierende meint, es müssten auf jeder Folie außer Stichwörtern auch Schmuckbildchen zu finden sein, dann reichen die ClipArts eines Stils natürlich nicht, und dann wird munter gemischt. Solche Präsentationen sind anstrengend.

Suchen Sie sich einen ClipArt-Stil aus, der zu Ihnen passt, und bleiben Sie dabei.

Wenn ClipArts auf Hochzeitseinladungen, auf der Speisekarte beim Griechen und auf den Handzetteln von Sonnenstudios zu finden sind, sollten sie auf Präsentationsfolien nicht mehr auftauchen.

ClipArt-Moden: Jeder verwendet sie, Sie bitte nicht.

Falls Sie oft präsentieren, halten Sie bitte die Augen offen, wenn die nächste ClipArt-Mode die Präsentationsfolien erobert. Hüten Sie sich vor Modeerscheinungen, sie wirken weder innovativ noch stilvoll.

Fotos

Ein Foto kann Stimmungen auslösen und Gefühle wecken. Ich habe Ihnen am Beispiel des Bildes von den Südtiroler Bergen schon gezeigt und erklärt, warum jedes Foto, genau wie jedes Symbol, in sinnvollem Zusammenhang mit der Präsentation stehen muss, in der es gezeigt wird (Kapitel 4.1).

Vielleicht haben Sie für Ihre nächste Präsentation schon eine Fotoidee. Wenn Sie selbst fotografieren, können Sie Ihre Idee fotografisch so umsetzen, wie Sie es sich vorstellen. Doch das kostet Arbeit und Zeit. Noch mehr Aufwand macht es, gute Dias zu erstellen. Dieser zusätzliche Aufwand – auch für den Projektor – ist den meisten Präsentierenden zu groß. Weil man in den Zeiten von Laptop und Beamer Fotos als JPG-Dateien gleich in die Präsentationsfolien einbauen kann, sehe ich kaum noch Dias bei Präsentationen.

Klären Sie das Urheberrecht, bevor Sie fremde Fotos nutzen.

Wenn Sie Fotos für Ihre Präsentation verwenden wollen, müssen Sie vorher die Nutzungsrechte klären, sprich: Sie müssen gewöhnlich zahlen. Schließlich leben Fotoagenturen und freie Fotografen davon. Fotos zu den verschiedensten Themen gibt es auch auf CD-ROM. Hier bezahlen Sie für die Nutzung, indem Sie die CD kaufen. Ob Sie Fotos, die Sie im Internet finden, verwenden dürfen, müssen Sie in jedem einzelnen Fall mit dem Betreiber einer Website klären. Manche Websites bieten kostenlos Bilder zum Herunterladen an, doch diese sind selten von akzeptabler Qualität. Suchen Sie Ihre Bilder über Google, so können Sie bei jedem Treffer lesen: «Dieses Bild ist möglicherweise urheberrechtlich geschützt.» Ob es etwas nützt?

Im Internet finden Sie Fotos zu allen erdenklichen Themen.

Aber zurück zu unseren Fotos für die Präsentation. Hier sind vier Beispiele für eine Verknüpfung von Präsentation und Foto. Die Fotos stammen alle von Jochen Wieland, auf dessen Bilder ich immer zurückgreife, wenn ich ungewöhnliche Blickwinkel und Motive verwenden will.

Haben Sie die Aufgabe, zum Thema Strukturen zu präsentieren? Wie wäre es dann mit einem Holzstoß?

Oder mit einem Foto, das ein Detail – die Radkette eines riesigen Baggers – groß herausstellt?

Zusammen mit dem Satz «Das Außergewöhnliche geschieht nicht auf glattem, gewöhnlichem Weg».

Hier zwei Möglichkeiten, wie Sie zur Jahreszeit passend zeigen können: «Wir machen uns auf den Weg.»

Vielleicht mit dem alten chinesischen Spruch «Auch die längste Reise beginnt mit dem ersten Schritt».

Oder haben Sie ein gutes Foto mit einer Uhr oder einem Wecker? Dann setzen Sie es doch zusammen mit folgendem Zitat ein: «Natürlich wissen wir, was wir wirklich brauchen. Aber dann haben wir doch wieder keine Zeit.»

Ich habe für ein Seminar ein Foto verwendet, auf dem zwei Wecker zu sehen sind. Am Ende des Seminars erhielten die Teilnehmer einen Wecker. Der andere Wecker kam vier Wochen später mit der Post und mit einer Erinnerungskarte. Darauf stand, was sie sich beim Seminar alles vorgenommen hatten, unter der Überschrift «Ich geh Ihnen nochmal auf den Wecker».

Cartoons

Cartoons sind äußerst beliebt. Fast jeder hat schon irgendwann Comics oder Cartoons gelesen. Einen Haken hat die Verwendung aber: Auch hier gilt das Urheberrecht. Zu Recht sehen die Zeichner es nicht gerne – und gehen auch gerichtlich dagegen vor –, wenn das Ergebnis ihrer schöpferischen Arbeit bei großen Präsentationen dem Ergötzen der Allgemeinheit dient, ohne dass sie einen Cent dafür sehen.

Verwenden Sie Comics und Cartoons nicht, nur weil sie lustig sind, sondern weil sie einen Bezug zum Thema haben.

Prüfen Sie, ob Comics überhaupt zu Ihrer Präsentation passen. Welchen Comic Sie dann wählen, hängt wiederum davon ab, was gefällt – Ihnen und dem Publikum. Zur Wahl stehen Klassiker wie Loriot, Asterix und Obelix oder Tim und Struppi. Ebenso Calvin und Hobbes, Gary Larson, Hogli (mit wunderbar frechen Cartoons zum Thema «moderne Frauen»), Marie Marcks und, und, und.

Wenn Sie häufig Comics und Cartoons verwenden, legen Sie sich einen Fundus an und sortieren Sie die einzelnen Bilder und Bildserien nach Oberbegriffen oder themenbezogen. Dann müssen Sie nicht jedes Mal, wenn Sie etwas suchen, alle Bücher oder Folien durchkramen.

Loriots Knollennasenmännchen sind längst schon Klassiker. In Berlin habe ich eine geradezu geniale Verwendung dieser Figur gesehen. Der Referent legte eine Folie mit einem Loriotmännchen auf, das nach links ging. Dazu erzählte er, was bisher in seinem Projekt geschehen war. Die Folie blieb die ganze Zeit auf dem Overheadprojektor liegen, und wir hatten Muße, dem Männchen beim Nachlinks-Laufen zuzusehen, dem Redner zu lauschen und insgeheim zu rätseln, wie es wohl weitergehen würde. Plötzlich ergriff der Referent die Folie mit Schwung und legte sie spiegelverkehrt wieder auf. Nun ging das Männchen nach rechts, und er erläuterte, dass man öfter die Denkrichtung ändern sollte. So einfach und so wirkungsvoll!

Handzeichnungen

Können Sie zeichnen? Mindestens zehn von zwölf Seminarteilnehmern antworten im Brustton der Überzeugung: «Nein.»

Alle, die einen Stift halten und schreiben können, können auch zeichnen.

Zeichnen und Schreiben sind zwei sehr ähnliche Bewegungsabläufe. Nur machen wir uns keine Gedanken, wenn wir einen Stift in die Hand nehmen und zu schreiben beginnen. Über den Inhalt denken wir nach, aber nicht über die Tatsache, dass unsere Hand einen Stift hält und Linien auf das Papier malt. Wir schreiben einfach. Wenn Sie sich an die Schulzeit erinnern: Wie viel Zeit haben Sie mit Schreiben verbracht und wie viel mit Zeichnen? Natürlich viel, viel mehr mit Schreiben. Deswegen ist es für uns auch etwas ganz Selbstverständliches, schreiben zu können. Und Zeichnen? Das war schon in der Schule nie so natürlich wie das Schreiben. Wir halten auch beim Zeichnen einen Stift in der Hand und malen Linien auf ein Blatt Papier. Aber dann sind sofort die alten Ängste wieder da, dass unsere Zeichnungen nicht perfekt waren und den künstlerischen Anforderungen nicht entsprachen. Wundert es Sie da noch, dass so viele Menschen, die, ohne zu überlegen, einen Stift in die Hand nehmen, behaupten, sie könnten nicht zeichnen?

Zeichnen:
• Übung,
• Tricks,
• innere Einstellung.

Natürlich gehört zum Zeichnen auch Übung. Und ein paar Tricks braucht man auch. Entscheidend ist aber die innere Einstellung. Also: Können Sie zeichnen?

Vielleicht sagen Sie jetzt: «Ja, wenn ich die Tricks kenne und ein wenig übe ...» Also los.

Zeichnungen von Hand sind etwas Besonderes. Außerdem liegen sie im Trend, immer mehr deutsche Unternehmen verabschieden sich von der reinen PowerPoint-Präsentation und setzen auf ganzheitliche Visualisierung. Weil die Informationsflut mit Sprache allein nicht mehr zu bewältigen ist, setzt man «sprechende» Bilder ein – mit beachtlichem Erfolg.

Nehmen Sie sich zu Beginn nicht zu viel vor. Schon kleine Objekte können eine ungeahnte Wirkung entfalten.

Fangen Sie mit kleinen Objekten an.

Wenn Sie vor der Pause eine Folie mit einem Kaffeetassensymbol auflegen, dann ist das für Ihr Publikum nichts Neues. Bei einem guten ClipArt murrt es zwar nicht, doch die Begeisterung hält sich in Grenzen. Ganz anders wirkt die Kaffeetasse, die Sie selbst aufs Flipchart zeichnen.

Diese Tasse hat etwas Persönliches.

Marianne Stifel, Visualisierungsexpertin aus München, meint, dass Selbstgezeichnetes auf jeden Fall gut für die seelische Verfassung sei, viel besser als die seelenlose Bilderflut aus Fernsehen und Internet: «Handgemalte Bilder berühren uns ganz persönlich durch ihre Lebendigkeit und Kreativität.» Auf jeden Fall bereichern sie eine Präsentation.

Handzeichnungen sprechen das Gefühl an, und das ist wichtig fürs Denken. Wenn das Publikum zusieht, wie die Bilder entstehen, nimmt es innerlich Anteil. Diese Anteilnahme sollte aber nicht in Mitleid für den Menschen umschlagen, der sich am Flipchart im Zeichnen versucht. Eine gewisse Übung müssen Sie also schon haben, wenn Sie frei zeichnen. Und Sie sollten im Voraus wissen, was Sie zeichnen wollen. Erfahrene Zeichner haben einen Fundus an Handzeichnungen, aus dem sie schöpfen können. Alle anderen müssen vorher üben, bis die geplante Zeichnung flüssig von der Hand geht.

Den stärksten Eindruck hinterlassen Handzeichnungen, die spontan entstehen.

Sie können Zeichnungen auch vorbereiten und erst bei der Präsentation ausführen. Wie das geht? Einfach mit Bleistift die Konturen vorzeichnen oder die Technik zu

Zeichnen Sie die Umrisse mit Bleistift aufs Flipchartblatt oder auf die Pinnwand.

Hilfe nehmen. Legen Sie Ihre Zeichenvorlage als Folie auf den Overheadprojektor, projizieren Sie das Bild auf ein großes Blatt und zeichnen Sie die Umrisse mit Bleistift. Dabei können Sie nach Herzenslust radieren, keiner merkt es. Bei der Präsentation schütteln Sie die Zeichnung dann einfach aus dem Ärmel, und alles staunt. Die dünnen Bleistiftstriche hat aus drei Meter Entfernung ja niemand gesehen. Und markieren Sie das präparierte Flipchartblatt am besten in einer der unteren Ecken, damit Sie es auf Anhieb wiederfinden.

Lassen Sie sich von Visualisierungsprofis unterstützen.

Eine andere Möglichkeit: Bringen Sie fertige Zeichnungen mit. Dann können Sie sicher sein, dass die Raumaufteilung stimmt, die Farben passen, die Striche sitzen.

Ein paar Tricks sind immer gut, wenn Sie sich ans Zeichnen machen. Ich verdanke viele Anregungen und den Spaß, den mir das Zeichnen bei Präsentationen mittlerweile macht, dem Buch «Tafelzeichnen kann man lernen» von Roland Bühs.

Fünf Tricks fürs Zeichnen:

• **1. Vereinfachen**
Je mehr Details Sie in einer Zeichnung unterbringen wollen, desto schwieriger wird sie. Je mehr Striche Sie machen, desto größer ist die Gefahr, dass die letzten beiden nicht passen. Meinem Lieblingsmännchen genügen drei Striche für den Bart – zehn sehen einfach blöd aus.

Handzeichnungen für Präsentationen sind keine naturalistischen Abbildungen. Nicht jede Einzelheit muss zu sehen sein. Zeichnen Sie einen Baum, um gesundes Wachstum zu symbolisieren? Der muss nicht bis ins letzte Zweiglein und Blättchen ausgearbeitet werden, man erkennt ihn auch so.

Bei den Symbolen im PC können Sie sich Anregungen holen, wie man vereinfacht. So sieht zum Beispiel das gewichthebende Männchen in den Microsoft-Webdings aus.

Und das ist *mein* gewichthebendes Männchen, Symbol für eine gewichtige Aufgabe:

Reduzieren Sie die Aussage auf den Kern. Wenn Sie in Ihrer Präsentation große Produktionsstätten oder Fabriken und Werkstätten visualisieren wollen, dann zeichnen Sie nicht das tatsächliche Gebäude (es sei denn, Sie sind die Architektin), sondern einen vereinfachten Prototyp.

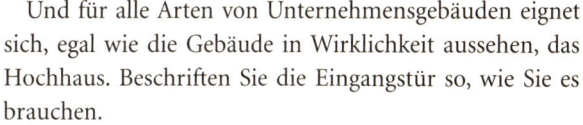

Und für alle Arten von Unternehmensgebäuden eignet sich, egal wie die Gebäude in Wirklichkeit aussehen, das Hochhaus. Beschriften Sie die Eingangstür so, wie Sie es brauchen.

Männchen von vorne sind wegen der Proportionen schwierig zu zeichnen, also entweder von der Seite oder als Kegel.

• **2. Zeichenrichtung**
Rechtshänder zeichnen leichter nach links, Linkshänder leichter nach rechts. Deshalb ist die Blickrichtung meiner Männchen und Fische immer links.

Fische sind nicht schwer. Sie stehen für «mit dem Strom schwimmen», «Die Großen fressen die Kleinen» oder «gesundes Trinkwasser». Der Fisch wirkt überzeugender, wenn Sie ihn in die Richtung schwimmen lassen, in die Sie besser zeichnen können.

Übrigens: Bei Fischen können Sie ganz leicht Emotionen zeichnen, zum Beispiel einen Fisch mit ernster oder lachender Miene .

Wir schreiben und lesen von links nach rechts. So vermuten wir auch bei Bildern, dass das, was später geschieht und in der Zukunft liegt, rechts ist.

Eine Grafik, die das Kommende, den zukünftigen Erfolg, links unten darstellt, würde niemand verstehen. Deshalb müssen die Stufen zum Erfolg nach rechts oben führen.

• **3. Erst die schwierigen Details zeichnen, dann die einfachen**
Viele «Nichtzeichner» neigen dazu, erst die einfachen Dinge zu zeichnen. Das ist verständlich. Man beginnt mit dem Einfachen, weil man sich dabei sicher fühlt. Und

dann? Dann kommt das Schwierige, und das muss nun dem Einfachen angepasst werden. Dabei ist es doch umgekehrt viel leichter. Eine Treppe lässt sich leicht so zeichnen, dass sie zum Männchen passt. Aber zeichnen Sie mal ein Männchen, das genau zur Treppe passt – das ist schwer. Zeichnen Sie deshalb zuerst das Schwierige und danach das Einfache, dann stimmen auch die Proportionen. Also das Männchen und anschließend das Haus oder wie im folgenden Beispiel zuerst das Männchen, dann den Stuhl.

Bei einem Männchen auf dem Siegerpodest kommen zwei Schwierigkeiten zusammen. Männchen von vorne sind schwierig zu zeichnen; und das richtige Verhältnis von Siegerpodest und Männchen zu finden, ist ebenfalls nicht ganz einfach. Um ein ausgewogenes Größenverhältnis zwischen Siegertreppchen und Männchen zu finden, zeichnen Sie erst das Männchen und dann das Podest. Vom Männchen skizzieren Sie besser nur die Umrisse, denn, wie gesagt, Gesichter oder Körper von vorne zu zeichnen, ist schwierig.

Ein Auto ist ein ideales Symbol für Schnelligkeit, Vorwärtskommen, für den Vertrieb und Außendienst. Auch wenn es ungewohnt ist und Sie als Erstes die Reifen zeichnen möchten: Tun Sie es nicht. Beginnen Sie mit der Karosserie.

Beim Fahrrad, das für Umweltbewusstsein oder Fitness stehen kann, fangen Sie mit den Rädern an und verbinden die beiden Kreise mit einem großen M, dann geht es ganz einfach.

Und eine Tafel mit Aufschrift? Auf die Gefahr hin, dass Sie lächelnd abwinken: erst das Wort und dann der Rahmen. Vor allem bei langen Wörtern müssen Sie die letzten Buchstaben sonst womöglich in den Kasten hineinquetschen.

• 4. Schwierige Details verstecken
Was Sie nicht zeichnen können, lassen Sie weg oder verstecken es. Einige Teile sind beim Männchenzeichnen schwie-

rig: das Kinn (stattdessen der Bart), der Hals (stattdessen ein Kragen), die Proportion der Beine (stattdessen ein langer Mantel). Zeichnen Sie das Männchen mit der Hand in der Tasche. Eine Tasche ist nur ein Strich, Hände sehen dagegen leicht wie Bratwürste aus. Beine haben kniffelige Proportionen. Lassen Sie sie unter dem Mantel verschwinden und zeichnen Sie dafür die Füße größer.

Eine ganz besondere Herausforderung sind die Proportionen bei Tieren. Zeichnen Sie lieber nur den markanten Löwenkopf und lassen Sie den Rest im Gras verschwinden.

Der Elefant steht für Stärke, Erfahrung, eine dicke Haut oder ein langes Gedächtnis. Sparen Sie sich den schwierigen Körper und lassen Sie unter dem großen Elefantenkopf nur die Beine hervorschauen.

Bei einem Vogel beginnen Sie mit dem Körper, dann ist es leichter, den Kopf in der richtigen Größe zu zeichnen. Ohne Beine sitzt der Vogel.

Wenn Sie möchten, dass der Vogel steht, dann zeichnen Sie Beine dazu.

Soll der Vogel fliegen, lassen Sie die Beine unter dem Körper herausspitzen und machen zwei, drei kleine Bögen hinter dem Vogel, um die Bewegung anzudeuten (ein Trick, den Sie in vielen Comiczeichnungen sehen können).

Und wenn Sie einen Vogelschwarm brauchen, zum Beispiel als Bild für Führung, dann gilt wieder Trick Nummer eins: vereinfachen.

Eichhörnchen nehme ich selten, weil meine Eichhörnchen an alles Mögliche erinnern, nur nicht an Eichhörnchen. Wenn ich aber das Eichhörnchen nicht weglassen kann, dann greife ich zu diesem Trick:

• 5. Keine perfekten, geraden Striche

Alle Zeichnungen in diesem Kapitel sind ohne Lineal entstanden. Ungenauigkeiten in der Linienführung setze ich bewusst ein. Zeichnen Sie lieber wackelig als mit dem Lineal. Je perfekter die Linien werden, desto steriler wirkt die Zeichnung. Sie zeichnen schließlich mit der Hand.

Kleine Lücken lassen Sie getrost stehen. Die Striche müssen und sollen nicht hundertprozentig miteinander verbunden werden. Ein wenig «Luftigkeit» tut Ihrer Zeichnung gut. Wenn Sie «Notizen» oder «Protokoll» zeichnen, dann immer mit mehreren Blättern. So ist viel leichter zu erkennen, was Sie meinen.

Wenn Sie richtig Eindruck schinden wollen, dann zeichnen Sie ein Segelschiff und zitieren Grace Hopper: «Ein Schiff im Hafen ist sicher, aber das ist nicht das, wofür Schiffe gebaut wurden.»

Auch wenn das Rechteck dazu verlockt, alle Striche durchzuziehen und ganz gerade zu zeichnen: Die Segel sehen mit etwas wackeligen Linien und ein paar kleinen Lücken viel besser aus.

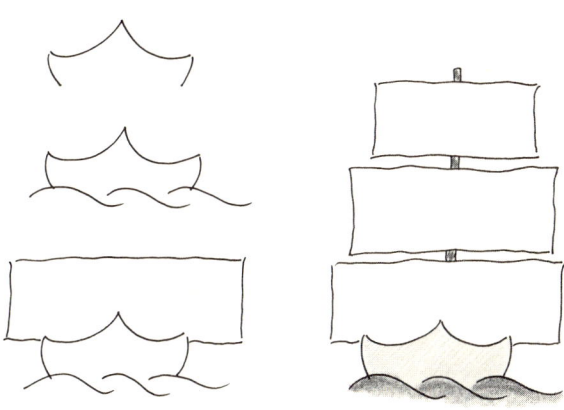

4.4 Von der Zahl zum Bild

Die gebräuchlichste Art, um Zahlen in Bilder zu verwandeln, ist das Diagramm. Diagramme sind heute gang und gäbe, kaum eine Präsentation im beruflichen Alltag kommt noch ohne sie aus. Oft wird das Publikum dabei aber mit einem Sammelsurium von Kreisen, Torten, Balken, Säulen und Kurven überschüttet und auf diese Art mehr verwirrt als informiert.

Nicht jedes Diagramm passt zu jeder Statistik, es kommt ganz auf die Beziehung zwischen den Zahlen an.

Jeder, der schon einmal mit Excel gearbeitet hat, kennt die Diagrammvorlagen. Hier kann man nach Herzenslust Ziffern und Buchstaben in Tabellen eingeben, die Software macht aus allem Bilder. Bilder allerdings, die oft viel

71

«Ein Diagramm für eine mündliche Präsentation muss mindestens doppelt so einfach und viermal so deutlich sein wie ein Bild in einem schriftlichen Bericht.»
Gene Zelazny

zu viel Beschriftungstext und viel zu viele Linien enthalten und die dann keiner versteht. Unverständlich werden sie vor allem dann, wenn Zahlen aus Statistiken nicht aufbereitet, sondern eins zu eins in die Exceldatei übertragen werden und wenn man, weil man gerade in Fahrt ist, auch Nebensächlichkeiten noch als Diagramm visualisiert.

Für Diagramme gilt der Grundsatz der Visualisierung ganz besonders: Nur wenn ich weiß, was ich sagen will, ist das Diagramm mehr als ein bloßer Kick fürs Auge. Je klarer mein Ziel, meine Aussage ist, desto klarer wird auch das Diagramm. Es hat ja nur die eine Aufgabe, Zusammenhänge und Aussagen schneller und deutlicher zu vermitteln, als Wörter das könnten.

Halten Sie sich bei Diagrammen mit Farben zurück.

Ein Kreis mit vielen bunten Segmenten oder eine Säulenreihe in allen Farben des Regenbogens erklären nicht, sondern verwirren. Wenn das Diagramm schwarz auf weiß nicht verständlich ist, dann reißt die Farbe es auch nicht mehr heraus.

Verzichten Sie bei Diagrammen auf den 3-D-Effekt.

Äußerste Vorsicht ist bei dreidimensionalen Grafiken geboten, also zum Beispiel beim Tortendiagramm oder anderen dreidimensionalen Formen. Das mag nett aussehen, kreativ, vielleicht sogar professionell – seinen Zweck, nämlich die Aussage auf einen Blick verständlich zu machen, erfüllt es nicht besser als ein einfaches Kreis-, Balken- oder Säulendiagramm, sondern im Gegenteil schlechter.

Welches Diagramm ist nun aber wofür geeignet? Das Buch «Wie aus Zahlen Bilder werden» von Gene Zelazny hat mir dazu etliche Aha-Erlebnisse beschert.

Zwei Arten von Diagrammen müssen voneinander abgegrenzt werden, weil sie unterschiedlichen Zwecken dienen: Diagramme, die Mengen miteinander vergleichen (Vergleichsdiagramme), und Diagramme, die Prozesse darstellen (Ablaufdiagramme). Beide visualisieren Beziehungen zwischen zwei oder mehreren Faktoren, wobei diese Faktoren Zahlen, Daten und Fakten, aber auch Men-

schen sein können. Der Zweck eines Diagramms ist die
eine Sache, die Form ist die andere. Für alle **Vergleichsdiagramme** genügen fünf Diagrammtypen: Kreise, Balken,
Säulen, Kurven und Punkte.

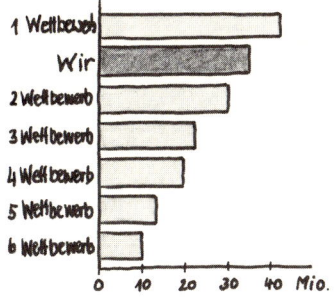

Balken

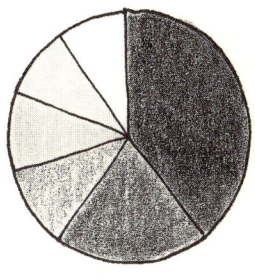

Kreis

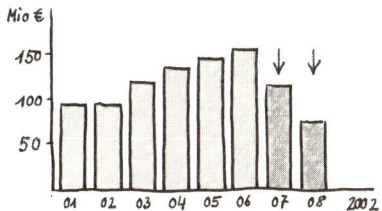

Säulen

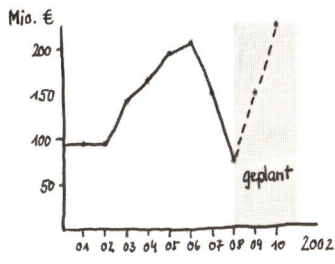

Kurven

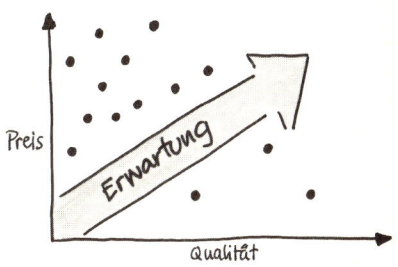

Punkte

Welches Dia-
gramm Sie wäh-
len, hängt nicht
von Ihren Zah-
len, Daten und
Fakten ab,
sondern von
dem, was Sie
über diese Zah-
len aussagen.

Welcher Diagrammtyp im Einzelfall der richtige ist, hängt nicht von den Daten ab, die zugrunde liegen. Ob es nun die Gehälter sind oder die Geschäftsergebnisse, die Kapitalrendite oder die Absatzentwicklung, ob Sie in Dollar, Euro oder Yen messen – es kommt ausschließlich auf den Aspekt an, den Sie hervorheben möchten. Deshalb können Sie den Diagrammtyp auch erst dann auswählen, wenn Sie genau wissen, was Sie sagen wollen.

Vergleichsdiagramme

Diagramme stellen Zusammenhänge dar. Zahlen stehen für Mengen. Stellt man einen Zusammenhang zwischen Zahlen her, vergleicht man also Mengen miteinander. Dafur gibt es die Vergleichsdiagramme.

Je nachdem, unter welchem Aspekt die Daten einer Datenmenge miteinander verglichen werden sollen, gibt es unterschiedliche Möglichkeiten des Vergleichens. Sie können

Jeder dieser Ver-
gleiche lässt sich
mit einem
bestimmten
Diagramm visua-
lisieren.

- Teile mit dem Ganzen vergleichen,
- eine Rangfolge herstellen,
- eine Zeitreihe bilden,
- Häufigkeiten untersuchen,
- Wechselbeziehungen feststellen.

Ich zeige Ihnen in zwei Schritten, wie Sie dabei am besten vorgehen.

Erster Schritt: Zahlen, Daten, Fakten

Selbstverständlich müssen Sie mit zeitnahen, korrekten und vollständigen Daten arbeiten. Wobei sich an diesem Punkt die Geister bereits scheiden, denn was der eine vollständig findet, ist für den anderen eine unzumutbare Eingrenzung. Es gibt aber einige allgemeine Regeln dafür, wie Zahlen, Daten und Fakten vorzubereiten sind, damit ein gutes Diagramm daraus wird.

Das sind die Ausgangszahlen. Eine solche Aufstellung

	Deutschland	Österreich	Italien	Gesamt
Januar 2003	67.234,12 Euro	20.106,50 Euro	5.973,89 Euro	93.314,51 Euro
Februar 2003	58.875,23 Euro	27.942,38 Euro	6.001,50 Euro	92.819,11 Euro
März 2003	104.564,29 Euro	33.750,07 Euro	8.131,83 Euro	146.446,19 Euro
April 2003	120.165,04 Euro	39.016,98 Euro	8.779,26 Euro	167.961,28 Euro
Mai 2003	138.368,90 Euro	48.094,25 Euro	9.328,95 Euro	195.792,10 Euro
Juni 2003	144.639,76 Euro	52.899,04 Euro	10.022,08 Euro	207.560,88 Euro
	633.847,34 Euro	221.809,22 Euro	48.237,51 Euro	903.894,07 Euro
	70,124 %	24,539 %	5,337 %	100,000 %

Umsatzzahlen für das erste Halbjahr 2003

gibt Ihnen zum Beispiel Ihre Buchhaltung. Komplett bis zur zweiten Stelle hinterm Komma. Die Buchhaltung braucht das, Ihre Präsentation braucht es nicht. Deshalb müssen Sie die Zahlen aufbereiten.

Runden Sie. Zahlen mit Dezimalstellen gehören nicht ins Diagramm, auch Fußnoten und Quellenangaben haben hier nichts zu suchen. Weisen Sie Ihr Publikum gleich am Anfang darauf hin, dass solche Informationen in den Teilnehmerunterlagen zu finden sind.

Auch wenn Sie vor einer Fülle von Fakten stehen: Machen Sie's kurz, schon während der Vorbereitung. Verwenden Sie Zeichen, also «%» statt «Prozent» und «€» statt «Euro». Überflüssige Wörter streichen Sie ganz.

	D	A	I	Gesamt
01	67	20	6	93
02	59	28	6	93
03	105	34	8	147
04	120	39	9	168
05	138	48	9	195
06	145	53	10	208
	634	222	48	904
%	70	25	5	100

Umsatz 1. Halbjahr 2003 in 1000 €

Zweiter Schritt: Aussage und Auswahl des Diagrammtyps

Die Zahlen sind jetzt schon übersichtlicher, Sie haben aber noch lange kein Diagramm. Die Hauptarbeit kommt erst. Sie müssen sich entscheiden, welchen Aspekt der Tabelle Sie hervorheben, welche Aussage Sie treffen wollen.

Vielleicht liegt Ihr Augenmerk auf den Anteilen, die drei Länder am Gesamtumsatz haben?

	D	A	I	Gesamt
01	67	20	6	93
02	59	28	6	93
03	105	34	8	147
04	120	39	9	168
05	138	48	9	195
06	145	53	10	208
	634	222	48	904
%	70	25	5	100

Umsatz 1. Halbjahr 2003 in 1000 €

Vielleicht ist es Ihnen wichtig, dass der Umsatz insgesamt kontinuierlich gestiegen ist?

	D	A	I	Gesamt
01	67	20	6	93
02	59	28	6	93
03	105	34	8	147
04	120	39	9	168
05	138	48	9	195
06	145	53	10	208
	634	222	48	904
%	70	25	5	100

Umsatz 1. Halbjahr 2003 in 1000 €

Erst wenn Sie klar herausgearbeitet haben, was Ihnen wichtig ist, können Sie das passende Diagramm wählen. Ob ein Diagramm gut wird, entscheidet sich beim Erarbeiten der Aussage.

Der Titel «Umsatz 1. Halbjahr 2003» sagt noch nichts darüber aus, welche Informationen Sie aus einer Tabelle herausziehen. Noch kann das alles Mögliche sein, die Zahlen gäben es her. Formulieren Sie also bereits im Titel der Tabelle, die Sie Ihrem späteren Diagramm zugrunde legen, worauf es Ihnen ankommt. Also zum Beispiel: «Deutschland trägt fast ¾ des Gesamtumsatzes bei.» Für jeden Vergleich sind bestimmte Aussagen charakteristisch, und für jede Aussage gibt es das passende Diagramm. Sobald Sie eine klare Aussage getroffen haben, lässt sich auch sagen, welcher Diagrammtyp für Ihren Zweck am besten geeignet ist, für das obige Beispiel wäre das das Kreisdiagramm.

Nehmen Sie die Aussage, auf die es Ihnen ankommt, als Überschrift. Dann sehen Sie auch gleich, ob das Diagramm wirklich dazu passt.

Vergleich zwischen Teilen und dem Ganzen

Diesen Vergleich drücken Sie sprachlich so aus:

«Anteil der Länder am Gesamtumsatz»

«Anteil bzw. Teil von ...»

«Prozent bzw. Prozentsatz von ...»

«der größte Teil von ...»

«¼ bzw. die Hälfte von ...»

Dafür verwenden Sie das **Kreisdiagramm**.

Kreisdiagramme sind bei Präsentationen so beliebt, dass sie oft unüberlegt verwendet und genau deswegen auch am häufigsten falsch eingesetzt werden. Um die Teile eines Ganzen zu visualisieren, eignet sich der Kreis hervorragend – aber wirklich auch nur dafür.

Die drei Länder aus unserer Tabelle können sehr gut als Kreissegmente dargestellt werden.

Mit mehreren Kreisen wird die Sache allerdings rasch unübersichtlich. Da sind Säulen bedeutend besser, weil die Zuschauer dann mit den Augen nicht hin und her zu springen brauchen.

Der **Vergleich** zeigt, welche mengenmäßige Beziehung **zwischen dem Ganzen und seinen Teilen** besteht.

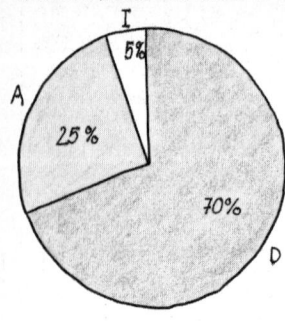

Anteil der Länder am Gesamtumsatz

I 5%

A 25%

70% D

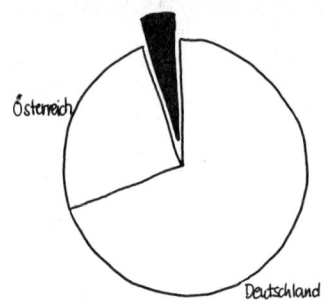

Auf Italien entfallen nur 5% des Umsatzes

Österreich

Deutschland

Einige Hinweise für Kreisdiagramme.

- Verwenden Sie nie mehr als sechs Segmente. Jede weitere Unterteilung verwirrt. Fassen Sie entweder zusammen – weniger ist mehr – oder verwenden Sie statt der Kreise Balken oder Säulen.
- Beschriften Sie die Segmente außerhalb des Kreises. Im Kreis selbst soll so wenig wie möglich stehen.
- Für den wichtigsten Kreisteil, zum Beispiel den Anteil der eigenen Firma, nehmen Sie die stärkste Kontrastfarbe oder, bei Schwarzweiß, die dunkelste Schattierung. Wenn Sie den wichtigsten Teil bei 12 Uhr beginnen lassen, kommen Sie unserer Betrachtungsweise eines Kreises entgegen.
- Wenn alle Teile für Sie gleich wichtig sind, lassen Sie Schattierungen ganz weg oder nehmen Sie für alles dieselbe Farbe.
- Variieren Sie Kreisdiagramme, indem Sie den Teil herauslösen, der Ihnen am wichtigsten ist.
- Sie können auch einen Teil weglassen, das Auge vervollständigt den Kreis automatisch.

Rangfolge

Eine Rangfolge wird so ausgedrückt:
«größer bzw. kleiner als ...»

«die gleiche ...»

«an vierter Stelle, an dritter Stelle usw.»

«X liegt vor Y ...»

«am niedrigsten bzw. am höchsten»

«deutlich größer»

«mehr als»

Für solche Aussagen verwenden Sie das **Balkendiagramm**.

Die Balken dieses Diagramms lassen sich beliebig anordnen: alphabetisch, in zeitlicher Reihenfolge, nach Umsatzgröße, vom Besten zum Schlechtesten oder, wie im folgenden Balkendiagramm, vom Schlechtesten zum Besten.

Bei der **Rangfolge** werden Zahlen, Daten oder Fakten aufsteigend oder absteigend sortiert und einander dann bewertend gegenübergestellt.

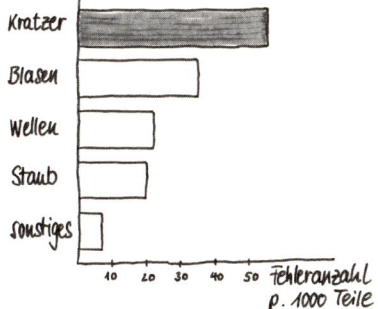

Über 5% der ausgelieferten Teile haben Kratzer

Balkendiagramme sollten bei Präsentationen deutlich häufiger zu sehen sein als die allseits so beliebten Kreisdiagramme, denn meistens geht es um Rangfolgen.

• Ihre Zahlen, Daten und Fakten stehen links neben den Balken. Dort haben Sie mehr Platz für die Beschriftung als zum Beispiel unter den Säulen. Das ist ein Vorteil des Balkendiagramms. Die Zahlen stehen entweder direkt hinter den Balken oder in einer Skala über oder unter den Balken, aber niemals mitten im Diagramm.

Einige Hinweise für Balkendiagramme.

- Wählen Sie die Abstände zwischen den Balken kleiner als eine Balkenbreite.
- Die Balkenbreite bleibt im Diagramm immer gleich.
- Verwenden Sie die kräftigste Farbe oder, bei Schwarz-weiß, die dunkelste Schattierung für den wichtigsten Balken, also für den besten oder für den schlechtesten.
- Variieren Sie Balkendiagramme durch Unterteilung. Im Beispiel sehen Sie die Rangfolge nach dem Gesamtumsatz und gleichzeitig den Anteil des Auslandsumsatzes (dunkel schattiert).

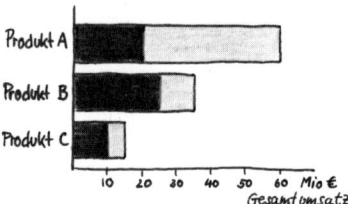

- Oder durch Gruppierung. Hier können Sie erkennen, dass beide Produkte ohne Rabatt den gleichen Umsatz erreichten. Bei Produkt B musste aber mehr Rabatt gegeben werden (hell schattiert sind die Preise nach Abzug der Rabatte).

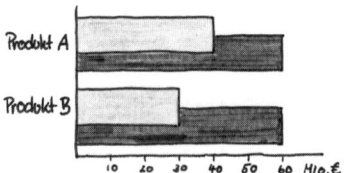

Zeitreihe

Eine Zeitreihe wird ausgedrückt durch:
«verändern»
«wachsen»

«steigen bzw. zunehmen»

«fallen, sinken, abnehmen, zurückgehen»

«schwanken»

«für die nächsten ... Jahre/Quartale/Monate»

«für die vergangenen ... Jahre/Quartale/Monate»

«in der ersten Jahreshälfte gestiegen»

Für Zeitreihen verwenden Sie entweder ein **Säulen- oder ein Kurvendiagramm.**

Wann nehmen Sie nun ein Säulen- und wann ein Kurvendiagramm? Das ist ganz einfach, bei bis zu sieben Daten verwenden Sie Säulen.

Bei der **Zeitreihe** werden Veränderungen innerhalb eines bestimmten Zeitraums (Jahre, Quartale, Monate, Tage usw.) dargestellt. Die Zahlen können steigen, fallen, gleich bleiben oder schwanken.

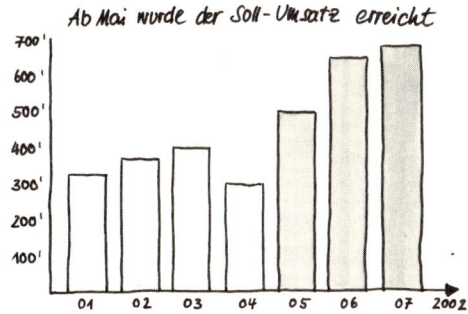

Ab Mai wurde der Soll-Umsatz erreicht

Wenn es mehr sind, benutzen Sie besser ein Kurvendiagramm.

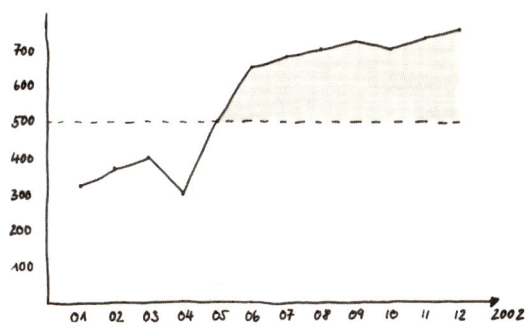

Kurvendiagramme eignen sich sehr gut dazu, die Entwicklung von Daten zu visualisieren, sind mühelos zu zeichnen und brauchen wenig Platz. Außerdem zeigen sie deutlich, ob etwas steigt, fällt, schwankt oder konstant bleibt.

Säulen dagegen sind in sich geschlossen. Da fällt es schon schwerer, sich vorzustellen, dass nach der Junisäule noch etwas kommt. Mit Säulen und Kurven lassen sich Zeiträume besonders gut darstellen, denn sie kommen unserer gewohnten Leserichtung entgegen: Die Zeitpunkte sind nämlich von links nach rechts angeordnet.

Einige Hinweise für Säulendiagramme.

- Unter den Säulen ist nur wenig Platz für Beschriftung. Verkürzen Sie, so gut es geht. 01 für Januar genügt vollkommen.
- Der Abstand zwischen zwei Säulen muss kleiner sein als eine Säulenbreite.
- Die Säulenbreite bleibt im Diagramm immer gleich.
- Verwenden Sie die kräftigste Farbe oder, bei Schwarzweiß, die dunkelste Schattierung für die wichtigste Säule. Sie können damit auch Ist-Daten, also Daten aus Vergangenheit und Gegenwart, von Soll-Daten, den Daten der Zukunft, unterscheiden.
- Variieren Sie Säulendiagramme durch Gruppierung oder wie hier durch Unterteilung.

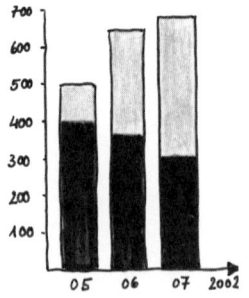
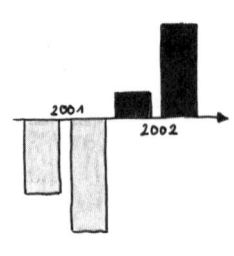

82

- Oder variieren Sie durch Abweichung, zum Beispiel bei Gewinn und Verlust.

- Die stärkste Linie ist die Kurve selbst.
- Die zweitstärksten Linien sind die beiden Achsen des Koordinatensystems.
- Wenn Sie ein Koordinatennetz verwenden, nehmen Sie dazu die dünnsten Linien. Ziehen Sie diese Netzlinien besonders dezent. Das Kurvendiagramm soll ja nicht als Vorlage für ein Schottenkaro dienen.
- Variieren Sie Kurvendiagramme durch Mehrfachkurven. Die Obergrenze sollte bei drei Kurven liegen. Alles andere ist unübersichtlich und wirkt wie Kabelsalat.

Einige Hinweise für Kurven-diagramme.

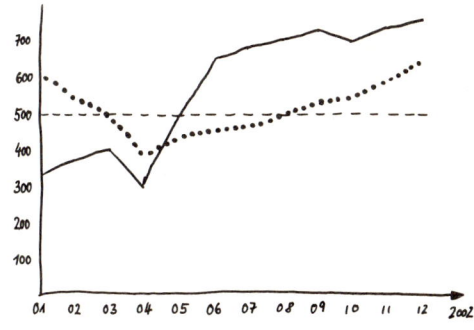

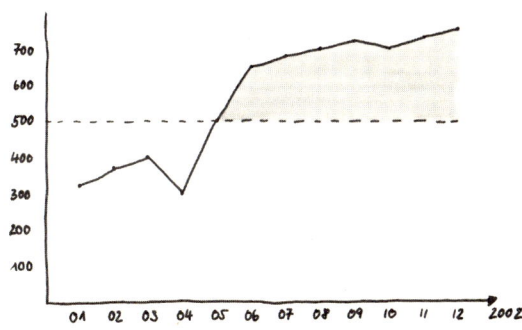

Sie können aus Ihrem Kurvendiagramm aber auch ein Flächendiagramm machen. Als Fläche lassen sich Mengen leichter erfassen als anhand einer Kurve.

Um Aussagen über **Häufigkeiten** treffen zu können, werden Datenmengen zu Datengruppen zusammengefasst, sodass sich ein Muster ergibt.

Häufigkeit

Häufigkeit wird ausgedrückt durch:

«Die Fluktuation war bei den 25- bis 30-Jährigen *am höchsten/am niedrigsten.*»

«*Die meisten* Beschäftigten verdienen zwischen ... und ... Euro.»

«*Fast alle* Call-Center-Mitarbeiter haben eine höhere Schulbildung.»

«Bei der *Verteilung auf Berufsgruppen* sind deutliche Unterschiede festzustellen.»

«Die *Konzentration* ist bei den eingehenden Telefonaten *am höchsten/am niedrigsten.*»

Wenn Sie Ihre Daten zu Klassen zusammenfassen – so eine Datengruppe wären zum Beispiel alle Aufträge zwischen 10 und 19 Euro –, und diese Datengruppen miteinander vergleichen, ermitteln Sie Häufigkeiten. Mit dieser Methode werden zum Beispiel auch demographische Daten erhoben, indem Alter, Einkommen, Wohnort oder Familienstand mehrerer Bevölkerungsgruppen miteinander verglichen werden.

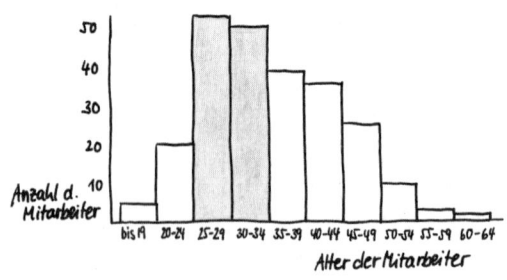

Wenn es Ihnen vor allem um die Häufigkeit geht, dann verwenden Sie für Ihr Diagramm **Säulen** bzw. **Kurven**.

Wann Säulen besser sind und wann Kurven, das ist – genau wie bei der Zeitreihe – ganz einfach: Bei höchstens sieben bis zehn Daten verwenden Sie Säulen.

Alles, was darüber liegt, lässt sich mit Kurven besser darstellen.

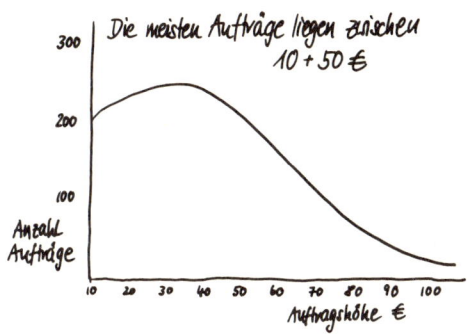

- Auf der waagrechten Achse steht zum Beispiel das Alter der Mitarbeiter oder die Auftragshöhe. Unter den Säulen ist nur wenig Platz für die Beschriftung – kürzen Sie ab, wo es geht. Wenn Sie Datengruppen bilden, dann achten Sie darauf, dass diese einander nicht überschneiden. Teilen Sie zum Beispiel die Mitarbeiter in Altersgruppen von 25 bis 29 Jahren und von 30 bis 34 Jahren. Schlecht wäre eine Einteilung einmal von 25 bis 30 und dann von 30 bis 35, denn es wüsste niemand, zu welcher der beiden Gruppen die 30 gehört.

Einige Hinweise für Säulendiagramme.

- Von der Einteilung der waagrechten Achse hängt es ab, ob überhaupt ein Muster zu erkennen ist. Mit weniger als fünf Säulen ergibt sich selten eins, und mehr als 20 Säulen sind ein nichts sagender Säulenwald. Auch die Gruppengröße entscheidet darüber, ob ein Muster zu erkennen ist. Wenn Sie zum Beispiel Aufträge von 10 bis 100 Euro erfassen und nur zwei Datengruppen bilden, eine von 10 bis 49 und die andere 50 bis 100 Euro, wird kein Muster sichtbar.

- Auf der senkrechten Achse werden Fakten oder Ereignisse dargestellt, zum Beispiel die Zahl der Mitarbeiter oder der Aufträge.
- Stellen Sie die Säulen direkt nebeneinander. Wenn Sie, was auch möglich ist, jede Säule einzeln darstellen, dann achten Sie darauf, dass die Zwischenräume möglichst klein sind.

- Variieren Sie Säulendiagramme zum Beispiel durch Unterteilung.

Einige Hinweise für Kurvendiagramme.

- Kennzeichen der Häufigkeitskurve ist die geschwungene Linie. Sie visualisiert, dass es nicht, wie beim Kurvendiagramm der Zeitreihe, um eine schrittweise Vorwärtsbewegung geht, sondern um ein Muster.
- Die stärkste Linie ist die Kurve selbst.
- Die zweitstärksten Linien sind die Achsen des Koordinatensystems.
- Die dünnsten Linien verwenden Sie für das Koordinatennetz.
- Variieren Sie Kurvendiagramme durch Mehrfachkurven. Auch hier liegt die Obergrenze bei drei Kurven in einem Diagramm, sonst wird es unübersichtlich.

Wechselbeziehung

Wechselbeziehungen zwischen veränderlichen Daten behauptet man zunächst einmal und prüft sie dann anhand von Zahlen.

Eine Wechselbeziehung erkennen Sie an Formulierungen wie:

«Die Höhe des Bonus ist nicht *an* das Dienstalter *gekoppelt.*»

«Die Vergütung ist *abhängig/unabhängig vom* Ertrag.»

«Die Benzinpreise *steigen/steigen nicht mit* den Rohölpreisen.»

«Der Rückgang der Februarzahlen in Deutschland lässt *keinen Zusammenhang* mit dem Rückgang in Österreich und Italien erkennen.»

Auch Wörter wie «relativ zu ...», «fällt mit ...», «fällt nicht mit ...» oder «verändert sich/verändert sich nicht parallel zu ...» sind Kennzeichen für eine Wechselbeziehung.

Es wäre zum Beispiel denkbar, dass der Benzinpreis fällt, wenn der Rohölpreis fällt. Lässt sich das tatsächlich zeigen, so ist auch die Behauptung richtig, dass der Benzinpreis vom Rohölpreis abhängt. Wenn Sie also eine veränderliche Größe wie das Alter zu einer anderen veränderlichen Größe, zum Beispiel der Bezahlung, in Beziehung setzen, dann ist das eine Wechselbeziehung.

So etwas lässt sich am besten mit **Doppel-Balkendia-grammen** und **Punkt- oder Streudiagrammen** darstellen.

Auch bei der Wechselbeziehung entscheidet die Datenmenge über die Wahl des Diagrammtyps. Das Doppel-Balkendiagramm funktioniert bei maximal 15 Daten.

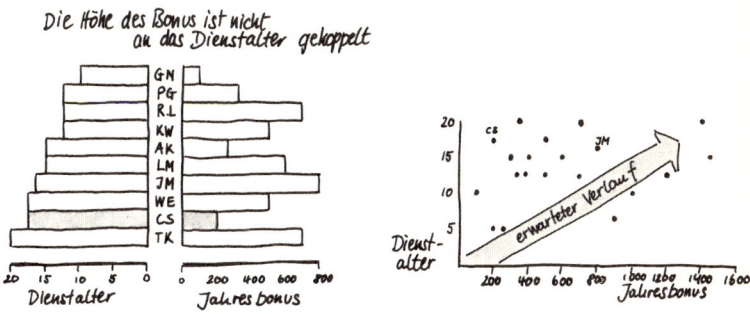

Bei mehr als 15 Daten ist das Punkt- oder Streudiagramm sinnvoller. In einem solchen Diagramm zeigt sich dann, dass Dienstalter und Bonus eben doch nicht zusammenhängen, auch wenn diese Annahme nahe lag.

- Setzen Sie die Balken in der Mitte nicht aneinander, sondern lassen Sie Platz für die Beschriftung. Kürzen Sie möglichst viel ab. Mit einem Blick muss zu erkennen

Einige Hinweise für Doppel-Balkendiagramme.

87

sein, ob die Wechselbeziehung tatsächlich so ist wie gedacht. Arbeiten Sie mit Legenden und beschreiben Sie diese ausführlich im Handout.

- Setzen Sie die Balken direkt untereinander, ohne Zwischenabstände, dann ist das Muster leichter zu erkennen.
- Verwenden Sie die kräftigste Farbe oder, bei Schwarzweiß, die Schattierung für eine der beiden Balkenseiten, um den Aufbau des Diagramms deutlicher zu machen oder einen besonderen Aspekt herauszuheben.

Die linke Balkenreihe gibt die Reihenfolge vor. Diese Reihe kann steigen oder fallen. Wenn die behauptete Wechselbeziehung tatsächlich besteht, ist die rechte Balkenreihe ein Spiegelbild der linken. Sonst hat sie ein anderes Muster.

- Beschriften Sie auf gar keinen Fall jeden Punkt! Es genügt, an die waagrechte Achse «Dienstalter» und an die senkrechte «Bonus» zu schreiben.
- Die erwartete Wechselbeziehung stellen Sie durch eine Linie oder einen Pfeil dar.
- Sie können durch die Größe der Punkte noch zusätzlich Informationen in das Punktdiagramm einbauen. Nutzen Sie diese Möglichkeit geschickt und selten, denn ein solches Diagramm wird schnell unübersichtlich.
- Die dünnsten Linien verwenden Sie für das Koordinatennetz.

Ein gutes Diagramm ist immer klarer als eine Tabelle und viel schneller zu verstehen. Es kann aber sein, dass Sie erst verschiedene Diagramme ausprobieren müssen, bis Sie für Ihren Zweck das beste finden. Falls Sie einen Gedanken nicht einfach genug formulieren können, sollten Sie lieber ganz und gar auf das Diagramm verzichten.

Ablaufdiagramme

Ablaufdiagramme zeigen kommunikative Zusammen-hänge, Prozesse und Abfolgen. Ein Beispiel: Wenn Men-schen, die sich zuvor vielleicht gar nicht kannten, in einem Team zusammenarbeiten sollen, so läuft dieser Prozess in mehreren Schritten ab. Zunächst das «Forming», das Ken-nenlernen – man beschnuppert einander. Dann das «Stor-ming», eine konfliktträchtige Phase, in der die Rollen im Team verteilt werden. Beim «Norming» wird es ruhiger, denn man vereinbart Spielregeln, die alle kennen und ein-halten. Und dann schließlich das «Performing»: Die Grup-pe präsentiert sich als Team.

Ein Teamprozess lässt sich mit jedem Ablaufdiagramm darstellen. Wieder ist entscheidend, was Ihnen wichtig ist.

Wenn Sie meinen, dass die einzelnen Schritte des Team-prozesses ineinander übergehen, dann sollten Sie dieses Ablaufdiagramm verwenden:

Sind Teamprozesse für Sie mit dem Gefühl verbunden, dass man am Anfang immer wieder gegen eine Wand rennt, dann ist dieses Diagramm das richtige: '

Handelt es sich in Ihren Augen um eine «never ending story», weil bei der Teambildung immer wieder neue Leute dazukommen? Dann zeigen Sie das so:

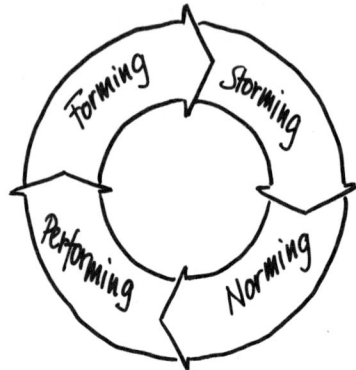

Steht auch im Ablaufdiagramm für Sie der Mensch im Vordergrund? Zeigen Sie es.

Eine geradlinige oder auf- und ansteigende Entwicklung lässt sich sehr gut mit Pfeilen darstellen. Dafür gibt es die unterschiedlichsten Formen.

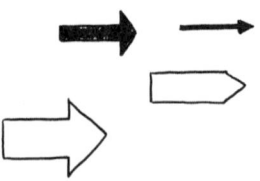 

Möchten Sie sichtbar machen, welche Einflusskräfte auf das Unternehmen oder das Projekt einwirken, dann verwenden Sie Pfeile, die von allen Seiten auf einen Mittelpunkt treffen.

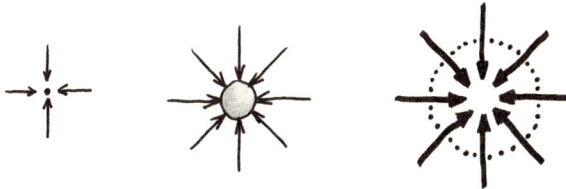

Kreisläufe zeigen Sie mit Pfeilen, die im Kreis oder quadratisch angeordnet sind.

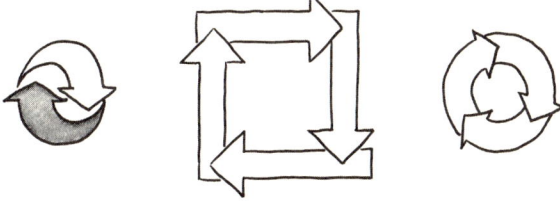

Aufeinander zulaufende oder auseinander laufende Pfeile stehen für Wechselbeziehungen.

Ausgewogenheit symbolisieren Sie mit einer Waage aus einfachen Formen wie Dreiecken und Rechtecken.

Oder so:

Der Rechner bietet Ihnen einen nahezu unerschöpflichen Vorrat an Pfeilen und einfachen geometrischen Formen – und damit haben Sie wieder die Qual der Wahl. Sie wissen, was jetzt kommt: Weniger ist mehr.

5
Farben, Schrift und Layout

Abwechslung ist immer süß.
Euripides

Zum zehnten Mal wiederholt, wird es gefallen.
Horaz

Ja, wie nun? Mit Euripides abwechseln, um nicht zu langweilen? Oder mit Horaz dasselbe immer wieder bringen, bis sich alle daran gewöhnt haben? Beides ist richtig, und beides hat seine Grenzen.

Menschen sind einerseits neugierig und lieben die Abwechslung. Sie lassen sich fesseln vom Neuen, Unbekannten. Andererseits fühlen sie sich in vertrauter Umgebung wohl, geborgen und sicher.

Eine gute Visualisierung bietet beides: vertraute Elemente, also den Wiedererkennungsfaktor, als Basis und das Neue, das andere, das die Aufmerksamkeit weckt, das fesselt und dadurch Spannung erzeugt.

5.1 Farben

Schwarzweiß wirkt in manchen Situationen zwar sehr edel, bei einer Präsentation wird es aber schnell langweilig. Die Medien, moderne wie traditionelle, bieten die Möglichkeit, Farben einzusetzen. Tun Sie es, Ihr Publikum wird die Abwechslung dankbar zur Kenntnis nehmen, sich freuen und aufmerksamer bei der Sache sein. Farben lenken unsere Aufmerksamkeit und werden von der rechten Gehirnhälfte bevorzugt verarbeitet.

Geben Sie Ihrer Präsentation Farbe, aber treiben Sie es nicht zu bunt.

Mit Farben:
• Strukturieren
• Hervorheben
• Wiederer-
kennen
• Überblick.
Farben sind zum Strukturieren, Wiedererkennen und Hervorheben da. Das gelingt aber nur, wenn Sie Farbtöne so einsetzen, dass Sie damit den Überblick unterstützen. Verwenden Sie zu viele verschiedene Farben, geht die Überblicksorientierung der rechten Gehirnhälfte wieder in einem Detailbrei unter.

Was haben
Farben mit
Gefühlen und
Kulturen zu tun?
Sie wissen sicher längst, dass unterschiedliche Farben unterschiedliche Gefühle auslösen. Rot kennen wir als Warnfarbe, sehr wahrscheinlich, weil wir gelernt haben, was bei offenem Feuer oder bei blutenden Wunden passiert. Und welche Farbe hat die Trauer? Richtig, bei uns Schwarz, in Asien allerdings Weiß.

Für eine Präsentation macht es deshalb durchaus Sinn, Farben mit Rücksicht auf kulturelle Besonderheiten auszuwählen. So ist Grün die Farbe des Islam, Orange die Farbe des Buddhismus, Violett die der evangelischen Kirche. Berücksichtigen Sie also, vor wem Sie präsentieren; und das gilt nicht nur für kulturelle Unterschiede, sondern auch im Umgang mit Firmen.

Farben machen
Unternehmen
unverwechselbar.
Das visuelle Erscheinungsbild eines Unternehmens wird auch Corporate Design genannt. Die Tankstellen der Mineralölkonzerne sind dafür ein gutes Beispiel. Blau steht für Aral, Grün-Gelb für BP, Rot-Blau für Esso. Außenwerbung, Thekeneinrichtung, Rechnungs- und Quittungsformulare enthalten alle die «Firmenfarben». Natürlich wird dann auch bei Präsentationen darauf geachtet, dass die verwendeten Farben dem Corporate Design entsprechen.

Achten Sie beim
Visualisieren auf
das Corporate
Design – Ihres
oder das des
Gastgebers.
Präsentieren Sie als Vertreter einer Institution – Hochschule, Verband – oder eines Unternehmens, so ist es selbstverständlich, dass Ihre Präsentationsunterlagen im Corporate Design dieser Institution oder dieses Verbands gestaltet sind. Auf dem Begrüßungsflipchart, jeder Folie und jedem Chart findet sich dann an derselben Stelle das Logo. Die Unternehmensfarben tauchen in Überschriften, Textblöcken, Markierungen und Hervorhebungen auf.

Präsentieren Sie bei einem Unternehmen, ohne selbst zum Unternehmen zu gehören, gibt es zwei Möglichkeiten: Entweder haben Sie eine eigene Firmenfarbe – bei mir ist es Orange –, oder die Corporate-Design-Farbe des Unternehmens dient Ihnen als Anhaltspunkt für die Auswahl der Farben. Ich kombiniere gerne, meine eigene Farbe Orange kommt bei den Teilnehmerunterlagen, dem Handout, zum Einsatz. Bei der Farbgestaltung der Flipcharts orientiere ich mich am Corporate Design des Auftraggebers. Die Mitarbeiter haben sich an das optische Erscheinungsbild ihrer Firma gewöhnt, da irritiert allzu Fremdes. Stellen Sie sich vor, Sie halten eine Präsentation bei Hochtief, einer international tätigen deutschen Baufirma, deren Logo und Firmenfarbe Dunkelblau ist, dann kommen rosa Folien mit gelbem Rand oder lilafarbene Überschriften auf den Flipcharts vermutlich nicht gut an. Novartis ist ein weltweites Unternehmen im Gesundheitswesen und hat drei Farben im Firmenlogo: Rot, Mittelblau und Gelb. Ich habe deshalb für die Flipchartüberschriften Mittelblau gewählt und gelb hinterlegt. Sie mögen denken, das sind doch Kinkerlitzchen, das fällt doch keinem auf. Oft sind aber gerade solche scheinbaren Nebensächlichkeiten die Dinge, die eine Präsentation unverwechselbar machen.

Benutzen Sie Schwarz und wählen Sie Weiß als Hintergrundfarbe, so ist mit drei bis vier weiteren Farben die Grenze der Übersichtlichkeit erreicht. Dunkles Blau, Dunkelgrün und Schwarz sind für den laufenden Text gut geeignet, denn diese Farben heben sich von hellem Hintergrund, wie dem weißen Flipchartpapier oder hellen Folien, besonders gut ab. Bei der Verwendung von Schwarz scheiden sich aber die Geister. Für etliche Trainerinnen und Trainer, die Präsentationshandwerkszeug vermitteln, ist Schwarz als Schriftfarbe, zum Beispiel auf einem Flipchart oder auf Folien, ein grober Fauxpas und absolut zu vermeiden. Ich verwende durchaus Schwarz als Farbe für Stich-

Auch für Farben gilt: Weniger ist mehr.

wörter, es sei denn, es beißt sich mit der Überschrift. Bei einer roten Überschrift nehme ich persönlich als Textfarbe lieber Schwarz als Blau oder Grün.

Achtung bei dem üblichen beigen Pinnwandpapier. Wenn Sie direkt auf dieses Papier schreiben wollen, müssen die Filzstifte frisch gefüllt sein, damit der Text lesbar bleibt. Wenn Sie oft direkt auf das Pinnwandpapier schreiben und die Ergebnisse mit einem Fotoprotokoll dokumentieren, rüsten Sie sich besser mit hellem, gebrochen weißem Pinnwandpapier aus (gibt es bei den großen Seminararikelanbietern). Dann sind die Resultate sicher lesbar.

Füllen Sie rechtzeitig die Tusche in Ihren Filzstiften nach.

Grundsätzlich gilt: Nehmen Sie keinesfalls Gelb, helles Grün oder andere helle Farben für den laufenden Text, denn die sind aus der Entfernung überhaupt nicht mehr zu erkennen.

Gelb und helles Grün eignen sich zum Hinterlegen von Überschriften, aber nicht für Stichwörter.

Gelb ist die erste Farbe, die das Auge unter mehreren Farben wahrnimmt, und sollte daher nur für etwas verwendet werden, das sofort ins Auge springen soll, zum Beispiel Überschriften, die mit Gelb hinterlegt werden. Strahlendes Gelb passt zu Blau und Rot. Als Hintergrundfarbe der gesamten Präsentation ist es nur dann geeignet, wenn es nicht zu leuchtend ist. Helles Grün ist ebenfalls zum Hervorheben oder Hinterlegen wichtiger Überschriften geeignet, sollte aber eher sparsam verwendet werden. Wenn Sie auf Flipchart- oder Pinnwandpapier Überschriften farbig hinterlegen wollen, sind dazu Wachsmalstifte oder Ölkreiden, die auch Kreativstifte genannt werden, sehr gut geeignet.

Bei größeren Farbflächen sollten Sie die Wirkung von Farben beachten. Gelb stimmt heiter, erhöht die Konzentration und macht kreativ. Blau ist kühl, sachlich, klar, beruhigt und unterstützt die innere Sammlung. Grün «entstresst», wirkt positiv und entspannend. Orange ist beschwingt und lebendig, inspiriert und regt an.

Die Qual der Wahl haben Sie bei den am PC erstellten

Folien für den Overheadprojektor und den Beamer, deshalb Vorsicht bei der Auswahl. Ich empfehle helle Hintergrundfarben und eine dunkle Schriftfarbe. Wir sind ja auch gewohnt, dunkle Schrift auf hellem Grund zu lesen.

Wählen Sie für Präsentationsfolien am PC einen hellen Hintergrund.

Die Farben, die Ihr Bildschirm anzeigt, sind nur bei sehr lichtstarken Beamern identisch mit den Farben, die Sie auf der Leinwand sehen. Mancher hat schon eine böse Überraschung erlebt, als das schöne Gelb auf dem Bildschirm in der Projektion unvermutet zu einem dreckigen Beige wurde. Lichtschwächere Beamer oder Overheadprojektoren zeigen die Farbnuancen nicht deutlich. Die Farben werden in der Projektion blasser und dunkler.

Achtung: Bei Overhead- und Beamerprojektion verändern sich die Farben.

Flipchart und Pinnwand reduzieren die Möglichkeiten des Hintergrunds. Flipchartpapier gibt es bis jetzt nur in Weiß, und für die Pinnwand beschränkt sich die Auswahl auf das übliche beige Papier und auf Weiß.

Rot oder Orange sind sprechende Farben oder Signalfarben. So eignet Rot sich zwar hervorragend für Warnhinweise, aber gar nicht für eher unbedeutende Randbemerkungen. Rot ist gut für Betonungen und Hinweise, zum Beispiel als roter Blitz, der für «Hier kann es Probleme geben» steht.

Das rote Ausrufezeichen wird in dem PC-Programm Outlook Express verwendet, um zu zeigen: «Diese Nachricht hat eine hohe Prioritätsstufe.»

Farben erleichtern den Überblick und sollen die Präsentation ästhetisch abrunden. Auch wenn Sie noch so sehr in Versuchung geraten sollten, Ihre Präsentation dekorativ aufzuwerten – verzichten Sie darauf. Farben dürfen auf keinen Fall verwirren, stören und ablenken. Sie sollen nicht die Aufmerksamkeit binden – nicht Beachtung finden, weil sie gar so schön sind.

Farben sollen es dem Betrachter einfacher und angenehmer machen, Inhalt und Struktur zu erkennen.

Störende Farben fesseln die Gedanken des Betrachters. Wenn Ihre Zuschauer sich ständig über «dieses blöde Quietschgrün» ärgern oder sich fragen: «Warum bloß so ein auffallendes Pink?», werden sie Ihren Gedankengängen nicht so aufmerksam folgen können, wie Sie sich das wünschen.

Damit Ihre Farben das bewirken können, was sie sollen, wählen Sie sie mit Bedacht. Legen Sie fest, welche Farben Sie verwenden wollen und was die einzelne Farbe bedeutet. Nehmen Sie für Folien einen einheitlichen Hintergrund und legen Sie Farbe und Form der grafischen Hilfsmittel, wie Kreise, Linien, Kästchen, Pfeile, fest. Grafische Hilfsmittel erleichtern dem Betrachter die Übersicht (siehe auch Kapitel 4, Symbole).

Wenn Sie sich entschieden haben, ein Thema mit Grün zu kennzeichnen, dann verwenden Sie jedes Mal Grün, wenn dieses Thema wiederkehrt. Haben Sie eine der Kapitelüberschriften blau geschrieben, dann tun Sie es auch bei den folgenden. Und ist die erste Anmerkung ockerfarben,

dann behalten Sie Ocker für die restlichen Anmerkungen bei. So gelingt es Ihren Zuschauern besser, den Überblick zu behalten, das Dargestellte zu gliedern und Zusammenhänge zu erkennen.

Noch bevor Sie Ihre Präsentation ausarbeiten, sollten Sie unbedingt die gestalterischen und farblichen Standards festlegen.

- Soll das eigene Erkennungszeichen – Logo – oder das des Gastgebers auf den Flipcharts, der Pinnwand oder den Folien zu sehen sein?
- Ist die Farbe für den Hintergrund einheitlich?
- Passen die Farben für die Überschriften, den Text und die Stichwörter zusammen?
- Werden, inklusive der Hintergrundfarbe, maximal fünf bis sechs Farben in der Visualisierung verwendet?
- Ist für jede Farbe eine Funktion festgelegt?
- Sind Farbe und Funktion der grafischen Hilfsmittel festgelegt?

Wenn Sie bei Auswahl und Zusammenstellung von Farben unsicher sind, dann holen Sie sich professionelle Hilfe oder lassen Sie wenigstens Freunde und Bekannte einen Blick auf Ihren Entwurf werfen. Die haben etwas mehr Abstand und können Störendes leichter entdecken.

In den meisten Schreibwarenläden werden üblicherweise nur vier Farben für die ganz dicken Marker (zum Beispiel Edding 800) angeboten: Schwarz, Rot, Blau, Grün. Es gibt aber für diese Stifte tatsächlich zehn verschiedene Farben. Manche Geschäfte bestellen die Stifte auf Ihren Wunsch beim Hersteller. Dann können Sie auch Ihre Firmenfarbe am Flipchart oder an der Pinnwand sichtbar machen.

Fragen Sie im Handel nach Sonderfarben für Ihre Filzstifte.

5.2 Schrift

Die Schrift am PC

Auch Schrift ist bildhaft, nicht umsonst spricht man vom Schriftbild. Wenn sich diese Bezeichnung auch ursprünglich nur auf die Handschrift bezog, macht sie doch deutlich, dass Schrift nicht nur wegen ihres Inhalts wahrgenommen wird, sondern auch als gestaltendes Element.

Schrift vermittelt nicht nur Inhalte, sondern ist auch ein gestalterisches Element.

Jede Schrift muss zunächst einmal lesefreundlich sein, das ist das Mindeste, was ein Zuschauer oder Leser erwarten darf. Für gut lesbare Schriften sind Typografen zuständig. Die entwerfen Schriften dem jeweiligen Zweck entsprechend.

Serifenlose, klare, schnörkellose Schriften wie zum Beispiel

Arial

sind für Überschriften und Stichwörter ideal.

Schriften mit Serifen, also mit den feinen Strichen am Fuß der Buchstaben, erleichtern das Lesen längerer Texte, weil sie das Auge nicht so leicht ermüden. Deshalb ist der laufende Text in diesem Buch aus einer Serifenschrift gesetzt, der

Minion.

Für Präsentationen, bei denen auf den Folien oder Charts große Textmengen ohnehin nichts zu suchen haben, sollten Sie zu serifenlosen Schriften greifen, zum Beispiel zur Arial. Wenn in den Handouts, auf die ich in Kapitel 6 eingehe, längere Texte und Hintergrundinformationen stehen, ist das wieder eine Möglichkeit, Serifenschriften einzusetzen.

Nur ein Schrifttyp pro Präsentation.

Entscheiden Sie sich für einen einzigen Schrifttyp, zum Beispiel für Arial. Lassen Sie bitte auch die Finger von allen modischen Schriften, es sei denn, Sie präsentieren Skateboardfahrern die neuesten Skateboards. Ich befürchte aber, dass Sie an dieser Zielgruppe mit einer klassischen Folienpräsentation sowieso vorbeivisualisieren.

Die zweite Überlegung gilt dem Schriftgrad, also der Größe einer Schrift. Der Schriftgrad wird in Punkt (pt) gemessen. Der Fließtext, den Sie gerade lesen, hat zehn Punkt. Allerdings hängt die tatsächliche Größe der Schrift auch vom Schrifttyp ab. Eine 12-Punkt-Times-New-Roman ist kleiner als eine 12-Punkt-Arial. Probieren Sie deshalb die Lesbarkeit Ihrer Schrift immer aus.

Knausern Sie nicht bei der Schriftgröße.

Für Overhead- und Beamerfolien empfiehlt sich eine Grundschrift (zum Beispiel Arial) mit 24 bis 30 Punkt. Überschriften können 4 bis 6 Punkt größer sein. Wenn ich im Seminar die Schriftgröße bespreche, dann wenden manche Teilnehmer ein: «Bei so einer Schriftgröße passt ja fast nichts auf die Folien.» Richtig, es sollen ja auch nur die wichtigen Stichwörter auf der Folie zu sehen sein. 7 Zeilen pro Folie genügen.

Lassen Sie genügend Platz zwischen den Zeilen.

Für den Zeilenabstand verwenden Sie die Schriftgröße der Unterpunkte. Je luftiger Ihr Text wirkt, desto leichter lässt er sich lesen.

Sie können Inhalte hervorheben durch:

Schriftgröße

fett ist in Ordnung

kursiv sehr schwer zu lesen

Zeichenabstand etwas erweitert ist in Ordnung

Zu viel ist schlecht lesbar

Schreiben Sie möglichst waagrecht. Schräge oder wellenförmige Schrift ist schlecht zu lesen. Senkrechte Beschriftungen sind gar nicht lesbar oder nur mit verdrehtem Kopf.

Ihre Handschrift in der Präsentation

Sie wissen bereits, dass jeder Medienwechsel, zum Beispiel von der Folie zum Flipchart, die Aufmerksamkeit des Publikums erhöht. Gut lesbare Folien sind mit dem PC leichter zu erstellen als ein gut beschriebenes Flipchartblatt, besonders wenn es «live» beschriftet wird. Oft ist es eine Beleidigung für das Auge, was da für alle sichtbar hingekritzelt wird. Und auch hier sind es einfache Tricks, die eine gute Handschrift für die Tafelmedien möglich machen.

Ist Ihr Publikum mit Ihrer Handschrift zufrieden?

Wenn Ihnen der Gastgeber versichert hat, dass für Ihre Präsentation «alles da» sei, dann meint er gewöhnlich, dass in der Ablageschale des Flipcharts oder der Whiteboard (in Kapitel 6, Medien) irgendwelche Filzstifte liegen. Welche Farbe, Strichstärke und Spitze diese Stifte haben, weiß keiner. Wenn Sie viel Glück haben, gibt es einen Moderationskoffer mit Filzstiften oder so genannten Markern in vier Farben: Rot, Blau, Grün und Schwarz.

Wenn Sie oft präsentieren, sollten Sie sich eigene Stifte

besorgen. Nur dann können Sie sicher sein, dass Sie gut ausgerüstet sind. Ich habe meine Marker immer dabei – und die Nachfülltusche.

Welche Strichbreite Sie wählen, hängt vom eingesetzten Medium und von Ihrer persönlichen Vorliebe ab.

2 bis 5 mm eignen sich:

für das Beschriften von Moderationskarten, aber auch für Stichwörter und Text (zum Beispiel Staedler-Permanentmarker 350, edding 3300 oder Neuland-Moderations-Marker).

6 bis 12 mm sind ideal:

für Überschriften (zum Beispiel Edding 800 oder Neuland-Trainer-Marker).

Verwenden Sie für Tafeln, Flipcharts und Pinnwände nie Stifte, die weniger als 2 bis 5 mm Strichbreite haben. Ihr Publikum dankt es Ihnen, denn die Handschrift wird mit kleinerer Strichbreite nicht schöner. Für die Moderationskarten verwende ich die 2- bis 5-mm-Marker, am Flipchart arbeite ich nur mit der großen Strichbreite. Durch die Keilspitze kann ich auch mit den dicken Stiften feine Linien schreiben.

Dicke Filzstifte
mit Keilspitze
machen es ein-
facher, gut lesbar
zu schreiben.

Die Art der Stifte, insbesondere die der Stiftspitze, ist ebenfalls wichtig: Mit den üblichen abgerundeten Spitzen können Sie zwar schreiben, aber nicht schön! Die Schrift wird krakelig, im besten Fall gleichförmig und langweilig. Falls Sie solche Stifte haben, sortieren Sie sie bitte aus.

Dagegen entstehen bei Stiften mit Keilspitze, also mit abgeschrägter Spitze und rechteckigem Querschnitt, entweder zarte Linien oder breite Striche.

Die meisten Buchstaben werden durch unterschiedliche Linien interessanter. Ihr Schriftbild ist damit weit ausdrucksvoller als mit einfacher Blockschrift. Die Betonung der Senkrechten, die auch in vielen Zierschriften ein wesentliches Element ist, ergibt einen Rhythmus, der das Lesen erleichtert. Dieses Schreiben verlangt etwas Übung, weil Sie den Stift immer mit demselben Kantenwinkel halten müssen, aber das Ergebnis ist es wert.

Keilspitzenstifte gibt es als Permanent-Marker für Papier (Flipcharts und Pinnwände) und als abwischbare Stifte für die Whiteboards. Für Folien, die Sie auf dem Overheadprojektor verwenden wollen, sollten Sie sich permanent haftende oder wasserfeste Folienstifte in Stärke M anschaffen. Sonst löschen oder verwischen Sie schnell mit einer unbeabsichtigten Bewegung die Daten auf Ihrer Folie. Für dicke farbige Linien oder zum Ausmalen von Formen sind OHP-Marker wegen ihrer Farbbrillanz geeignet.

Schreibschrift hat eine ausgeprägte Tendenz zur Unleserlichkeit. Druckschrift ist also besser. Das heißt nicht, dass Ihre Buchstaben wie mit dem Lineal gezogen aussehen müssen. Eine leichte Neigung, eine gewisse Unregelmäßigkeit, eine persönliche Note sind akzeptabel und oft sogar sympathischer als allzu akkurate Buchstaben. Entschei-

Drehen Sie den Stift beim Schreiben nicht.

Für Whiteboards und Folien gibt es Spezialstifte.

dend ist, ob andere Ihre Schrift ohne Mühe lesen können, auch von weitem. Verwenden Sie Druckbuchstaben, aber vermeiden Sie es, ausschließlich mit Großbuchstaben zu schreiben.

Eine Schrift ist dann am besten zu lesen, wenn sie aus Groß- und Kleinbuchstaben besteht, also Ober- und Unterlängen hat, weil das Auge die unterschiedlichen Höhen der Buchstaben als zusätzliches Unterscheidungsmerkmal nutzt. Die Ober- und Unterlängen Ihrer Schrift sollten nicht zu lang sein, denn auch das beeinträchtigt die Leserlichkeit. Als Faustregel: ⅔ für die Kleinbuchstaben und ⅓ für die Ober- und Unterlängen. Schreiben Sie die Buchstaben möglichst eng aneinander, das macht es den Lesern

leichter, das ganze Wort mit einem Blick zu erfassen. Je größer die Buchstabenabstände sind, desto mehr wird das Auge gezwungen, nach dem nächsten Buchstaben zu suchen. Und halten Sie lieber etwas mehr Abstand zum nächsten Wort.

Auch in der letzten Sitzreihe muss Ihr Publikum noch entspannt alles lesen können – ohne Opernglas.

Karos oder feine Linien auf dem Papier geben Ihnen für die Schriftgröße Anhaltspunkte. Ich wähle meine Schrift auf Flipchart, Tafel oder Pinnwand (Kapitel 6) immer ca.

6 cm groß, denn es ist mir wichtig, dass die Menschen in der Präsentation auch mit einem flüchtigen Blick die Stichwörter sofort erkennen können. Wenn Sie die Karos auf dem Flipchartpapier als Unterstützung nehmen, dann können Sie drei Karos als Anhaltspunkt für die Schriftgröße der Stichwörter (die ⅔-⅓-Regel lässt sich leichter umsetzen) und fünf bis sechs Karos für Überschriften verwenden.

Wenn Sie zu Hause vorbereiten, hängen Sie die Schriftprobe entsprechend weit entfernt auf. Es ist ein riesiger Unterschied, ob Sie direkt vor dem Papier sitzen oder stehen oder ob Sie es aus der Distanz betrachten. Das, was aus der Nähe in Ordnung erscheint, ist aus 10 Metern Entfernung nicht mehr zu entziffern.

Testen Sie selbst, ob Ihre Schrift noch von der letzten Reihe aus zu lesen ist.

Wenn Sie zu den Menschen mit eher unleserlicher Handschrift gehören und es Ihnen wichtig ist, bei Präsentationen gut lesbar zu schreiben, dann gibt es einen unfehlbaren Tipp: üben, üben, üben. Das hilft.

Von Michelangelo soll der Ausspruch stammen: «Wenn die Leute wüssten, wie hart ich arbeite, um zu meinem Meistertum zu gelangen, würde es ihnen gar nicht mehr so wunderbar erscheinen.»

Übung macht den Meister.

5.3 Layout

Layout ist das englische Wort für Aufteilung oder Plan. Damit ist die Gestaltung der Tafelmedien und Folien gemeint, aber auch der Gesamteindruck der räumlichen Aufteilung und die Anordnung von Texten, Überschriften und Illustrationen. Für ein gutes Layout bei Tafelmedien und Folien gilt – Sie können es sich sicher schon denken –: Weniger ist mehr. Verkneifen Sie sich funktionslose Animationen, gestalten Sie einheitlich und achten Sie darauf, dass Inhalt und Form zusammenpassen. Planen Sie bei halb offener Visualisierung genügend Freiraum für Ergänzungen ein.

Grundsätzlich gibt es zwei Methoden, um Texte, Überschriften und Illustrationen anzuordnen. Sie können entweder die klassische Aufteilung mit Reihung und hierarchischer Verzweigung wählen. Dann steht oben die Überschrift, darunter sind die Stichpunkte oder Grafiken. Oder aber Sie stellen das Thema in den Mittelpunkt.

Wenn Sie auf klassische Weise den Platz auf den Tafelmedien aufteilen, dann setzen Sie die Überschrift immer an die gleiche Stelle, zum Beispiel in die Ecke links oben, und verwenden Sie immer die gleiche Form. Es gibt mehrere Möglichkeiten, die Überschrift optisch herauszuheben: Sie können sie mit einer leicht zu zeichnenden Wolke vom übrigen Text abgrenzen.

Wenn Sie mit Pinnwänden arbeiten, gibt es schon fertige Wolken oder lange Karten, die Sie nur noch zu beschriften brauchen.

Oder setzen Sie die Überschrift in einen Kasten. Gut wirkt dann auch ein Schatten oder eine Strichdopplung.

Vielleicht gefällt Ihnen der einfache Strich unter der

Überschrift am besten. Aber bitte ziehen Sie den Strich nicht von ganz links bis ganz rechts. Lassen Sie an beiden Rändern genügend Luft, das sieht besser aus.

Setzen Sie die Überschriften entweder in eine Wolke, in einen Kasten oder unterstreichen Sie. Egal, was Sie wählen, bleiben Sie dabei. Und das betrifft nicht nur die Überschriften, sondern das gesamte Layout.

Ein guter Grundsatz ist: gleiche Dinge oder Aussagen – gleiche Formen.

Für das Firmenlogo oder Ihr Copyrightzeichen gilt: Entscheiden Sie sich, ob es auf jeder Folie erscheinen soll – das empfehlen die meisten. Oder verwenden Sie es nur auf der Titelfolie, was ich persönlich in den meisten Fällen für ausreichend halte. Wenn Sie für ein Unternehmen präsentieren, hat auch hier das Corporate Design ein Wörtchen mitzureden, bei vielen Firmen ist das Erscheinen des Logos auf jeder Folie Pflicht.

Jetzt geht es an die Aufteilung der restlichen Fläche. Dafür gibt es vier grundlegende Tipps:

1. Bilden Sie Strukturen

Wenn Sie «Keep it short and simple» lieben, dann schreiben Sie Ihre Stichwörter einfach untereinander und geben den Stichwörtern mit einem Strich, einem Punkt, einem Kästchen, einer Nummerierung, durch Einrückungen oder verschiedene Schriftgrößen Struktur.

Die elegantere Variante: Wenn Sie Dunkelblau für die Überschrift und die Stichwörter gewählt und die Überschrift gelb hinterlegt haben, dann können Sie das Kästchen gelb ausfüllen, wenn Sie das Stichwort erläutert haben. Sie geben dadurch optisch den «gelben» Faden vor, und Ihr Publikum behält den Überblick.

An der Pinnwand entfallen die Striche oder Punkte, denn Ihre Stichwörter stehen ja auf den Karten.

Wenn Sie die Karten in Tabellenform an die Pinnwand heften wollen, können Sie die Striche schon vorher mit dickem Stift auf das Papier schreiben und die Karten dann während Ihrer Präsentation anheften.

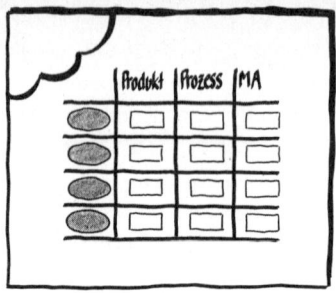 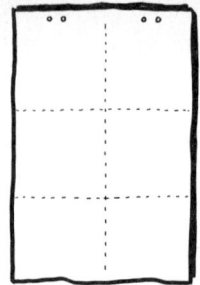

Eine andere Strukturhilfe ist das Raster. Sie können auf dem Blatt gedanklich (oder wieder mit feinen Bleistiftstrichen) senkrechte und waagrechte Mittellinien einziehen und Ihre Inhalte dann nach diesen Linien anordnen. Ein mögliches Raster besteht aus einer Vierteilung, Sechsteilung, hier als Beispiel für das Flipchart, oder Neunteilung.

Netzstrukturen eignen sich gut für das Visualisieren von Zusammenhängen. Sie sollten aber, zum Beispiel durch

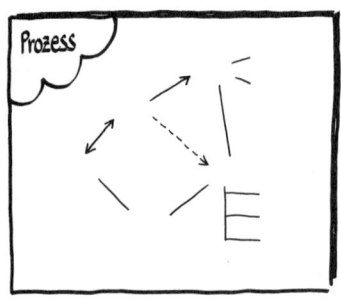 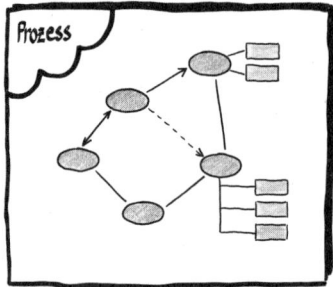

kleine Bleistiftmarkierungen oder durch das Zeichnen der Umrisse, den Platz festlegen und die Raumaufteilung ausprobieren. Zu Beginn der Präsentation erwartet Ihr Publikum dann ein eigenartiges Linienbild, das sich erst während der Präsentation auflöst, wenn die Karten an ihre durch die Striche vorgegebenen Plätze kommen.

Am Flipchart oder auf den Overheadfolien können Sie die Linien ebenfalls vorzeichnen und während der Präsentation die leer gelassenen Stellen mit der Hand beschriften.

2. Lassen Sie genug Luft

Sie brauchen eine luftige Raumaufteilung, damit die Zuschauer die Struktur erkennen können, aber auch für mögliche Ergänzungen während der Präsentation. Voll geschriebene Folien, Flipcharts oder voll gehängte Pinnwände zeigen zwar viel Arbeitseinsatz, aber keinen Überblick. Wer überladene Flipcharts zu einer Präsentation mitbringt, sollte dringend an seiner Vorbereitung arbeiten.

Etwas anderes ist es, wenn die Fülle der Stichwörter während der Präsentation entsteht. Wenn Sie zusammen mit Ihren Teilnehmern viele Ideen gesammelt haben, dann können Sie mit Farbstiften wieder Struktur hineinbringen. Nehmen Sie Wachsmalkreiden und schraffieren Sie die Stichwörter, die zusammengehören, in der gleichen Farbe.

Bei Pinnwänden haben Sie die Möglichkeit, Karten umzuhängen. Bilden Sie Blöcke, so genannte Cluster. Wenn selbst dann noch nicht auf einen Blick zu sehen ist, was zusammengehört, dann umranden Sie diese Blöcke mit dickem Filzstift.

3. Legen Sie die Ränder fest

Lassen Sie zum Beispiel links immer gleich viel Rand frei – mindestens zwei Kästchen bei Flipcharts – und beginnen Sie stets an derselben senkrechten Achse. Das gilt auch für Grafiken oder Bilder. Im Beispiel ist die Grafik an den gedachten Rand nach links gesetzt worden.

Oder Sie setzen das Bild in die Mitte.

Schön ist, wenn Sie auch auf den unteren Rand achten. Soweit es möglich ist, sollte er immer die gleiche Größe haben.

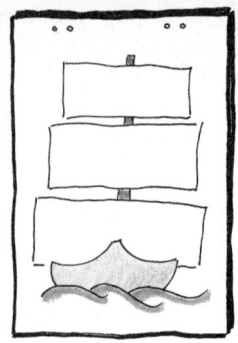

4. Verwenden Sie Hilfslinien und -mittel

Bei Pinnwand- und Flipchartpapier können Sie die vorgegebenen Linien oder Karos nutzen, oder Sie zeichnen dünne Bleistiftstriche zur Orientierung. Wenn Ihnen Mutter Natur nicht einen Blick für die Gestaltung von Flächen wie dem Flipchart, der Wandtafel oder des Whiteboards mitgegeben hat, dann planen und proben Sie die Aufteilung vorher.

Je öfter Sie Ihre Visualisierung sorgfältig gestalten, desto leichter geht es.

Ich habe bei meinen ersten Flipcharts schön brav alle Kästchen in der Senkrechten gezählt, im Kopf durch die Anzahl meiner Stichwörter geteilt und dann die Karos mit feinen Bleistiftstrichen markiert, damit ich wusste, an welcher Stelle das Stichwort stehen muss. Das Ergebnis war überzeugend, und das Publikum wusste ja nicht, wie mühsam ich mich der Flipchartgestaltung genähert hatte.

So landen die Karten auf der Pinnwand am geplanten Platz.

Gerade für die Arbeit mit Pinnwänden ist das Planen der Raumaufteilung wichtig. Wenn Sie alle Karten vorbereitet haben, dann nehmen Sie sich eine Pinnwand und heften die Karten zur Probe an, damit Sie sehen und überprüfen, ob Ihre Platzaufteilung stimmt. Um die richtige Platzierung der Karten während der Präsentation sicher zu finden, stecken Sie die Nadeln, nachdem Sie die Karte abgenommen haben, wieder an dieselbe Stelle zurück. Eine andere Möglichkeit ist, die Karten dünn mit Bleistift auf dem Pinnwandpapier zu umranden, bevor Sie sie wieder abnehmen. Das bietet sich vor allem an, wenn Sie keine Pinnwand zu Hause stehen haben. Sie müssen sich nur das Papier besorgen und es dann vor der Präsentation auf die Pinnwände aufspannen.

Wenn Sie Pinnwände für Ihre Visualisierung verwenden wollen, gibt es zur Vorbereitung und Layoutplanung ein sehr gutes PC-Programm: PinKing. Ich schlage so zwei Fliegen mit einer Klappe. Zum einen bereite ich damit die Visualisierung an der Pinnwand vor, zum Beispiel für einen Vortrag, zum anderen verwende ich einen Ausdruck davon als Teilnehmerunterlage. Die Resonanz der Teilnehmer ist hervorragend.

Layoutplanung mit dem PC.

Das Resultat eines Vortrags sieht dann so aus:

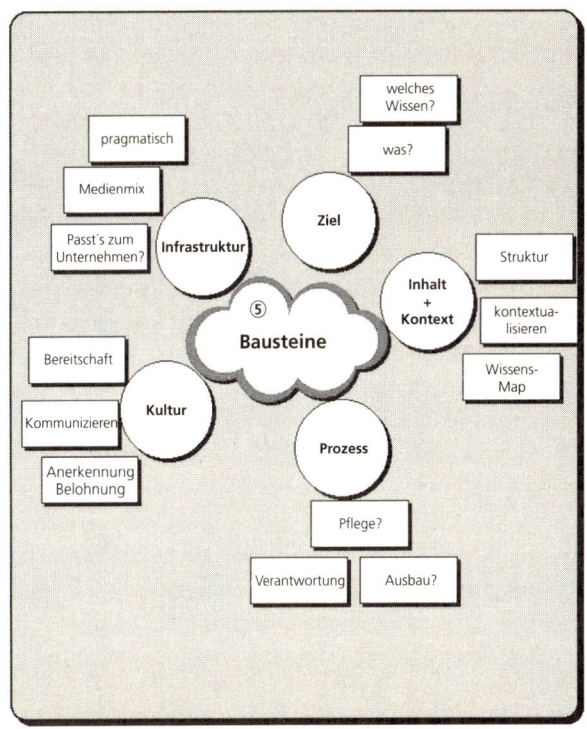

Thema des Vortrags waren die Bausteine des Wissensmanagements. Zu Beginn hatte ich nur die Wolke in der Mitte an die Pinnwand geheftet. Alle anderen Karten sind erst nach und nach dazugekommen. Ich hatte meinen roten Faden durch die Karten vorgegeben, und die Zuhörer konnten miterleben, wie sich die Pinnwand füllte. Das Publikum bekam einen Ausdruck der kompletten Pinnwand vorab. Dass das in sehr großen Räumen und bei einer großen Teilnehmerzahl nicht funktioniert, ist der einzige Wermutstropfen. Die maximale Teilnehmerzahl für diese Art der Visualisierung – allerdings mit sehr groß beschriebenen DIN-A4-Blättern statt den Moderationskarten – sollte bei 160 Personen liegen.

Mind Maps stellen immer das Thema in den Mittelpunkt.

Wenn Sie, wie im Beispiel oben, das Thema in die Mitte stellen, geht das an der Pinnwand gut mit den Karten, bei Flipchart und Folien mit einem Mind Map.

Das folgende Mind Map zeigt auf einen Blick die Grundregeln beim Verhandeln, natürlich in Stichpunkten. Es ist auf Flipchartpapier im Querformat erstellt und blieb während der gesamten Präsentation sichtbar.

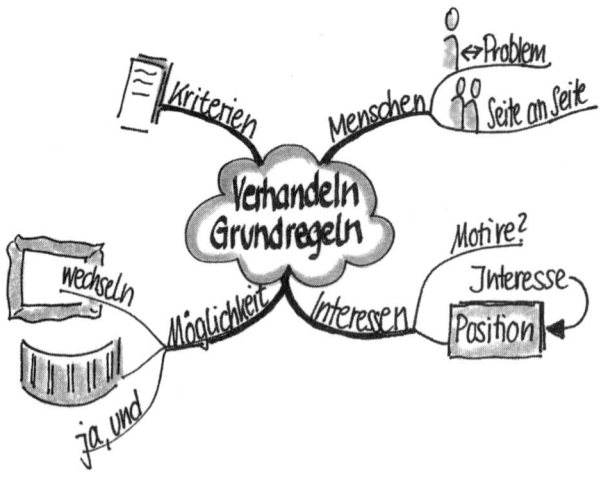

Hier ein kurzer Überblick über die Mind-Mapping-Spiel-regeln:

Das Papier ...
nehmen Sie quer und schreiben oder zeichnen Ihr Haupt-thema in die Mitte. Sie behalten einen besseren Überblick, wenn Sie das Blatt beim Schreiben nicht drehen.

Die Äste ...
und die dazugehörigen Hauptpunkte zweigen direkt vom Mittelpunkt ab. Zeichnen Sie von dieser Mitte aus stärkere Äste und dann feinere Zweige. Achten Sie darauf, dass zwischen den Linien der Äste und Zweige keine Lücken bleiben: Ihr Gehirn braucht sonst zusätzliche Energie, um Äste und Zweige zusammenhängend zu speichern und die Gesamtstruktur zu erkennen.

Die Wörter ...
auf dem Mind Map sind Stichwörter. Verwenden Sie Schlüsselwörter mit «Aha-Effekt» und schreiben Sie möglichst nur ein Wort auf jede Linie. Groß- und Kleinschreibung in Druckbuchstaben erleichtern das schnelle Lesen. Passen Sie bitte die Linienlänge der Wortlänge an und schreiben Sie lesbar!

Die Farben ...
können Themen in Ihrem Mind Map betonen, hervorheben oder ausschmücken. Um Zuhörern bei Vorträgen zu zeigen, an welcher Stelle Ihrer Ausführungen Sie sich gerade befinden, färben Sie die entsprechenden Äste, die bereits abgearbeitet oder besprochen sind.

Die Bilder ...
kombinieren Sie mit Ihren Stichwörtern. Verwenden Sie Symbole und schnell erkennbare Bilder. Wenn Sie im Zeichnen noch ungeübt sind, versuchen Sie es zuerst mit

Symbolen. Wenn Sie Mind Maps bei Vorträgen oder bei Präsentationen einsetzen wollen, sollten Ihre Bilder und Symbole allgemein verständlich sein.

Und zum Schluss...
denken Sie daran: In einem Mind Map können Sie jederzeit noch etwas ergänzen oder ändern. Auch während einer Präsentation. Wenn sich durch Fragen aus dem Publikum eine andere Reihenfolge ergibt, können Sie beim Mind Map einfach mit dem Ast weitermachen, der im Moment Ihr Publikum am meisten interessiert. Sie bleiben dadurch flexibel und behalten trotzdem den Überblick. Eine Nummerierung zum Schluss hilft Ihnen dann, Ihre Äste wieder in die richtige Reihenfolge zu bringen. Themen, die miteinander in Beziehung stehen, können durch Hinweispfeile verbunden werden.

Mit diesem Mind Map hatten die Seminarteilnehmer den Gesamtüberblick eines Seminars zum Thema Beziehunsmanagement immer vor Augen und konnten die Details zu den einzelnen Stichwörtern auf den Ästen stets zuordnen.

Ich arbeite in Präsentationen am liebsten mit handgezeichneten Mind Maps. Es gibt aber auch PC-Programme für Mind Maps.

Auch wenn ich oft über den Overheadprojektor und den Beamer schimpfe, gibt es Situationen, in denen es sinnvoll ist, diese Medien einzusetzen. Dazu mehr in Kapitel 6. Für die klassische Gestaltung der Folien für Overheadprojektor und Beamer, aber auch als Anregung für Tafel, Flipchart und Pinnwand, können Sie zum Beispiel das Autolayout in PowerPoint nutzen. Hier werden im Wesentlichen drei Möglichkeiten vorgegeben:

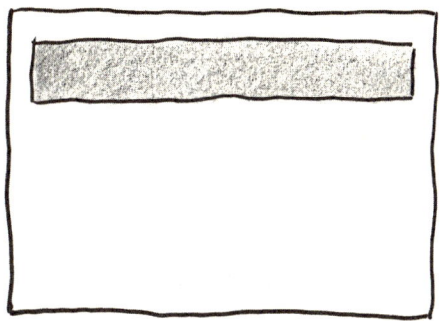

Hier ist nur der Platz für die Überschrift festgelegt.

Wieder wird der Platz für die Überschrift festgelegt. Außerdem gibt es einen Block, der für Grafiken, Bilder oder Stichwörter genutzt wird.

Die Überschrift ist wieder am gleichen Platz. Zusätzlich sind zwei Blöcke vorgesehen, um Textstichwörter mit Bildern oder Grafiken zu kombinieren.

6
Medien

Das Medium ist die Botschaft. Wie eine Information wahrgenommen wird, hängt von dem Medium ab, das sie übermittelt. *Marshall McLuhan (1911–1980), kanadischer Wissenschaftler*

Der Medientheoretiker McLuhan hätte sagen können, warum die Marktanalyse eines Unternehmens beim Publikum völlig unterschiedlich ankommt, je nachdem, ob sie auf einer Pinnwand entwickelt oder mit dem Beamer an die Wand projiziert wird. Hier genügt es, die verschiedenen Möglichkeiten moderner Technik auf ihre Zweckmäßigkeit hin zu untersuchen. Welche Medien für Ihre Präsentation sinnvoll sind, ist von mehreren Faktoren abhängig.

6.1 Medienauswahl

Raum
- Verlassen Sie sich nicht auf Quadratmeterangaben. 80 qm für ca. 30 Teilnehmer klingt erst einmal ausreichend. Fragen Sie lieber nach Breite und Länge, sonst stehen Sie verzweifelt mit Ihren Pinnwänden in einem 4 Meter breiten und 20 Meter langen Schlauch. Sehen Sie sich zur Sicherheit den Raum vorher an. Wenn das nicht möglich ist, lassen Sie sich ein Foto zeigen.
- Wenn Sie mit Overheadprojektor, Beamer oder Videowand arbeiten, ist die Raumhöhe wichtig. Schließlich heißt das Ding ja «Überkopfprojektor» und nicht

«Bauchprojektor». Ab 5 Meter Höhe kann der Inhalt der Projektion störungsfrei gelesen werden. Eine Lösung bei geringeren Raumhöhen: Nehmen Sie die Folien für den Overheadprojektor quer.

- Wie viele Teilnehmer in einen Raum passen, ist von der Bestuhlung des Raums abhängig. Wenn die Teilnehmer in U-Form oder im Kreis sitzen – ideal für den Einsatz von Flipchart und Pinnwand –, brauchen Sie für dreißig Personen wesentlich mehr Platz, als wenn einfach Stuhlreihen aufgestellt werden. Oft plant der Veranstalter, ohne zu fragen, Tische ein. Die nehmen aber Platz weg und können als Barrieren wirken. Überlegen Sie sich, ob das Publikum für Ihre Präsentation Tische braucht, nehmen Sie die Stuhl-Tisch-Einheit nicht als naturgegeben hin. Gute Anbieter von Präsentations- und Tagungsräumen geben Ihnen rechtzeitig Raumpläne und sind offen für Bestuhlungsvarianten.

- Tageslicht ist ein Segen. Aber manchmal reicht es nicht aus, zum Beispiel wenn die Veranstaltung nach Einbruch der Dämmerung beginnt. Dann muss die Beleuchtung stimmen. Auch aus diesem Grund sollten Sie den Raum vorher gesehen haben. Prüfen Sie die Lichtverhältnisse auf verschiedenen Sitzplätzen. Jeder will gut sehen, aber keiner geblendet werden. Merken Sie sich, wo die Lichtschalter sind und wie sie funktionieren. Ich habe schon oft vor rätselhaften Schalttafeln gestanden und erst einmal alle Knöpfe ausprobiert. Manchmal müssen Sie den Raum verdunkeln, damit die Projektion auf der Leinwand gut zu sehen ist. Falls die Jalousien automatisch gesteuert werden, lassen Sie die Haustechnik diese Automatik abschalten, sonst kann es Ihnen passieren, dass je nach Sonnenstand die Jalousie ausfährt und wieder zurückfährt und wieder ausfährt und wieder zurückfährt.

- Kabel sind Stolperfallen. Fixieren Sie Kabel und Strippen daher mit Klebstreifen. Ganz ausgefuchste Präsentatoren haben Gaffa-Gewebeband (gibt es im Musikhandel und beim Bühnenbedarf) in zwei Farben dabei. Schwarz für dunkle und Silber für helle Böden. Sollten Sie im Ausland präsentieren, denken Sie an Adapter für die Stecker.

- Welche Atmosphäre ein Raum hat, können Sie nur zum Teil selbst beeinflussen. Zu den Basics für eine gute Atmosphäre gehören ein gut lesbarer Flipcharttext als Wegweiser zum Präsentationsraum im Flur und ein Herzlich-willkommen-Plakat. Frische Blumen oder Grünpflanzen, die hilfreiche Geister noch aufstellen, sind schon die Feinheiten. Und gute Musik macht es den Teilnehmern leichter, sich in dem Raum von Anfang an wohl zu fühlen. Ich habe – passend zum Präsentationsthema – immer meine eigene CD-Auswahl dabei. Und last but not least eine persönliche Begrüßung – das alles liegt auf jeden Fall in Ihrem Einflussbereich. Es hängt nämlich viel davon ab, ob sich Ihr Publikum und Sie selbst in dem Raum wohl fühlen.

Anzahl der Teilnehmer

- **Bis 30** Teilnehmer: Sie können mit allen Medien visualisieren.
- **Bis 150** Teilnehmer: Overheadprojektor und Laptop mit Beamer sind geeignet, aber auch große Tafeln und Pinnwände. Dazu brauchen Sie eine sehr großer Schrift (ab 10 cm), und die Pinnwände müssen mit großen Karten (A4 oder A3) bestückt werden. Stehen die Pinnwände auf einer Bühne, können Sie den gesamten Platz der Pinnwand nutzen. Stehen die Pinnwände auf Sitzhöhe des Publikums, verwenden Sie nur noch die obere Hälfte. Auf das Flipchart müssen Sie dann verzichten.
- **Ab 150** Teilnehmern: Nun ist der Einsatz von Overheadprojektor und Laptop mit Beamer sinnvoll. Sie können auch Großplakate verwenden.
- Testen Sie immer selbst, ob man Ihre Visualisierung vom hintersten Platz noch lesen kann. Dazu brauchen Sie be-

reits bei der Vorbereitung Angaben zur Raumgröße, damit Sie die Schriftgröße darauf abstimmen können. Wenn ich ganz sicher gehen will, erstelle ich ein Probeplakat und hänge es im Garten auf. Dann kann ich auf bis zu 20 m Entfernung testen, ob alles lesbar ist. Denken Sie sich nicht: «Ja, ja, geht schon.»

Ziel und Zielgruppe

- Jede gute Visualisierung braucht eine Vorbereitung, aber es gibt Unterschiede:

- Haben Sie das Ziel, Ihre Visualisierung vorbereitet und **abgeschlossen** zu haben? Solche Visualisierungen wirken professionell, aber auch wenig spontan und oft unpersönlich. Der Vorteil ist jedoch, dass Sie die Visualisierung immer wieder verwenden können.

- Setzen Sie sich das Ziel, Ihre Blätter oder Folien teilweise vorzubereiten und in der Präsentation noch mit Stichwörtern, Zahlen oder Symbolen zu ergänzen? Dann ist die Tür **halb offen**. Flipchart, Pinnwand und Overheadprojektor mit Folien sind geeignete Medien für eine halb offene Visualisierung.

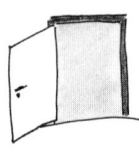

- Wenn es Ihr Ziel ist, vor den Augen des Publikums mit Handskizzen zu visualisieren, dann hat Ihre Präsentation einen sehr persönlichen Touch, und die Visualisierungstür steht Ihnen **offen**. Sie müssen für die Präsentation aber mehr Zeit einplanen. Flipchart und Folien können gut als offene Visualisierungsmedien verwendet werden. Pinnwandkarten können ebenfalls während der Präsentation erstellt werden, das schafft Atmosphäre, frisst aber viel Zeit. Laptop und Beamer sind keine offenen Visualisierungsmedien.

- Vor welcher Zielgruppe Sie präsentieren, haben Sie ja – hoffentlich – bereits in der Vorbereitung geklärt. Soll es sehr formell zugehen, so ist auch im kleinen Kreis der Overheadprojektor oder Laptop mit Beamer geradezu Pflicht. Das Spontane, Persönliche von Tafel oder Flipchart passt gut im Kollegenkreis. Ich kenne den Fall eines Trainers, der mit mehreren anderen bei einem großen Konzern in Deutschland sein Konzept präsentieren sollte. Ausdrücklich wurde im Vorfeld vom Firmenvertreter darauf hingewiesen, dass **nur** PowerPoint- und Beamer-Präsentationen gewünscht seien. Den völligen Gegensatz dazu habe ich in der Schweiz erlebt. Da wurde mir gesagt, dass es Firmenusus sei, mit Pinnwänden zu präsentieren. Fragen Sie im Zweifelsfall einfach nach, was gewünscht wird. Oft stehen auch bestimmte Medien, zum Beispiel Pinnwände oder Projektionswände, gar nicht zur Verfügung.

Bleiben Sie sich selbst treu

- Bei allen Tipps, wann unter welchen Umständen welche Medien einzusetzen sind, ist dennoch das Wichtigste, was zu Ihnen passt. Unterschätzen Sie Ihre Wirkung auf die Zuschauer nicht. Ihr Publikum sieht Sie nicht nur als Medium, das Informationen übermittelt, sondern es will Sie als Menschen erleben.
- Ihre Stimme und Körpersprache wirken unabhängig von den Medien auf Ihr Publikum. Wer beispielsweise niemals lächelt, wirkt angespannt oder – im schlimmsten Fall – unsympathisch. Wenn Sie also mit Medien arbeiten, bei denen Sie sich unwohl fühlen, wird das auch Ihr Publikum unterschwellig wahrnehmen.
- Ich räume an dieser Stelle gleich noch mit dem 7-38-55-Mythos auf. Urheber der Theorie, dass in Kommunikationssituationen 38 Prozent von der Stimme, 55 Prozent von der Körpersprache und nur 7 Prozent von den Inhalten beeinflusst werden, war Albert Mehrabian (Ph. D. der UCLA, USA). Diese Untersuchung ist allerdings weder repräsentativ noch auf alltägliche Kommunikationssituationen anwendbar, was er selbst später eingeräumt hat. Manche Menschen leiten nämlich aus dieser Untersuchung ab, dass Inhalte nicht so wichtig seien und mit

einer tollen Stimme und gut einstudierter Körpersprache jeder Quatsch an den Mann gebracht werden könne.

• Auch die heilige Regel «Wende deinem Publikum **nie** den Rücken zu» finde ich zu starr. In einer einstündigen Präsentation macht es gar nichts, wenn ich mich zum Beispiel fünfmal umdrehe, um auf die Pinnwand zu blicken. Wenn Sie mit dem Rücken zum Publikum allerdings weitersprechen wollen, dann muss Ihre Stimme sehr deutlich und laut sein, damit noch etwas zu verstehen ist. Mit dem Spruch «Ein schöner Rücken kann auch entzücken» lässt sich das andere Extrem aber nicht entschuldigen. Wie so oft: Die Mischung macht's.

• Probieren Sie es mit der **Touch-Turn-Talk**-Methode:

Touch Wenden Sie sich Tafel, Flipchart, Pinnwand oder Leinwand zu und deuten Sie auf etwas. Sofort schauen alle ebenfalls darauf. Die Zuschauer können nun betrachten oder lesen, was Sie zeigen. Damit geben Sie ihnen Gelegenheit, nachzuvollziehen, was Sie visualisiert haben. Auch für Sie selbst ist diese Pause gut: Sie gibt Ihnen Zeit zum Ausatmen, Sauerstofftanken und Nachdenken über das, was Sie als Nächstes sagen wollen – ohne «äh» und «hm».

Turn Anschließend drehen Sie sich wieder um und nehmen Blickkontakt mit Ihren Zuhörern auf

Talk und beginnen erst jetzt zu sprechen. Nun werden alle Augen auf Ihnen ruhen, und Sie haben wieder die volle Aufmerksamkeit.

Eine gute Visualisierung Ihrer Präsentation lebt von einer Medienmischung und davon, ob Ihr Publikum bei allen Details den Überblick behält. Dauer-Medien machen es leicht, auf die Inhalte immer wieder einen Blick zu werfen, denn sie bleiben ständig vor Augen. Deshalb sind sie ideal für den Überblick, wichtige Argumente und zentrale Begriffe. Je nach Präsentationsthema genügt es vollkommen, den Überblick zu visualisieren und die Details zu erzählen.

Kurz-Medien sind sinnvoll, um Details und Beispiele zu visualisieren. Aber bei ihnen gilt, wenn der Überblick fehlt: «Aus den Augen, aus dem Sinn.»

Bei allen Medien finden Sie Symbole:

Das Ausrufezeichen steht für allgemeine Hinweise.

Die Tür steht für die Vorbereitung, zeigt an, ob zum Beispiel mit diesem Medium eine offene Visualisierung möglich ist.

Das Plus-Zeichen steht für die Vorteile dieses Mediums.

Achtung bei diesem Medium, das sind die Nachteile, dafür steht der Blitz.

Die Blätter stehen für die Dokumentation. Für mich ist die Digitalkamera ein Segen, denn mit ihr lässt sich jetzt ganz einfach dokumentieren. Ihr einziger Nachteil ist, dass die Teilnehmer die Dokumentation erst im Nachhinein bekommen. Helfen können Sie sich, wenn Sie zum Beispiel die Flipcharts schon zu Hause fertig stellen, abfotografieren und als Kopie für die Teilnehmer mitbringen.

Und der Koffer steht für den «Notfallkoffer», den Sie als Präsentierender dabeihaben sollten.
Ich habe immer Tesakrepp dabei.
Reißen Sie ein gut fingerlanges Stück Tesakrepp von der Rolle ab. Machen Sie aus dem Streifen einen Ring mit der Klebeseite nach außen. Jetzt können Sie den Tesakreppring wie ein doppelseitiges Klebeband auf die Rückseite der Blätter und Karten und dann an die Wand kleben.

Ein Tipp zum professionellen Aufhängen von Flipchartblättern, Plakaten und Karten mit Tesakrepp.

6.2 Dauer-Medien

Alle Dauer-Medien sind permanent während einer Präsentation verwendbar und in Kombination mit anderen Medienarten einsetzbar, zum Beispiel das Großplakat für den Überblick zusammen mit einem Overheadprojektor für die Details.

Whiteboard und Tafel

Schultafel
- Tafelbrett aus Kunststoff oder Metall
- mit grünem Kunststoff beschichtet
- oft mit zwei Flügeln, die aufklappbar sind
- in der Höhe verschiebbar
- fest montiert

Whiteboard
- Tafelbrett aus Metall•
- mit glatter weißer Oberfläche aus Kunststoff oder Emaille
- meist fest an der Wand montiert

!

- ○ Wenn Sie unterrichten, wird die Tafel in den meisten Räumen zu finden sein.
- ○ Bei Geschäftspräsentationen finden Sie oft ein Whiteboard in den Schulungsräumen.
- ○ Für das Whiteboard gibt es spezielle abwischbare Stifte, die Sie unbedingt verwenden sollten, sonst geht es Ihnen wie mir: Bei meiner ersten Vorlesung an der Universität habe ich schön groß mit meinem üblichen dicken Edding das Thema an das Whiteboard geschrieben – es war noch lange gut zu lesen.

- Verwenden Sie Whiteboardmarker mit Keilspitze.
- Weiße Kreide liegt für die Schultafel meist bereit. Es gibt aber auch farbige Kreiden. Arbeiten Sie mit Farben.

- Die Tafel eignet sich hervorragend für offene Visualisierung.
- Eine halb offene oder abgeschlossene Visualisierung ist trotzdem möglich.
- Wenn Sie die Tafel vorher beschreiben, dann hängen Sie unbedingt einen auffälligen Zettel an die Tafel, damit Ihre Vorbereitungsarbeit nicht unbeabsichtigt abgewischt wird.
- Bei Klapptafeln nutzen Sie die Rückseiten zur Vorbereitung und die Mitte zum offenen Visualisieren.
- Oder Sie funktionieren die Tafel zur Pinnwand um und hängen vorbereitete Flipchartblätter oder Karten mit Magneten bzw. Tesakreppringen an die Tafel.

- Mit den Tafeln stehen Ihnen größere Flächen zur Verfügung.
- Bei klappbaren Tafeln können Inhalte nach und nach aufgedeckt werden.
- Tafeln unterstützen die Überblicksorientierung bei der Vorbereitung.
- Sie sind gezwungen, Ihre Informationen langsam aufzubauen, langsam zu sprechen und Pausen zu machen, in denen Sie schreiben. Das macht es dem Publikum leichter, Ihren Argumenten und Erklärungen zu folgen und eventuell mitzuschreiben.
- Ein gekonntes Tafelbild wirkt aktuell und aktiv und ist bei einer schönen Handschrift auch ästhetisch ansprechend.

- Die Tafel kennt jeder. Die Erinnerungen an die eigene Schulzeit sind aber nicht jedem angenehm.
- Wenn Sie mit Kreide schreiben, legen Sie sich vorher schon ein sauberes Tuch zum Händeabwischen bereit.

- Schreiben Sie deutlich und groß.
- Dokumentieren Sie Ihre Visualisierung, bevor Sie die Tafel wischen.
- Wenn Sie die gleiche Präsentation sehr oft halten, dann müssen Sie auch jedes Mal die Tafel beschriften.

- Am einfachsten ist die Dokumentation bei elektronischen Whiteboards, die einen eingebauten Kopierer haben. Sie drucken, wenn die Tafel fertig beschrieben ist, ein A4-Blatt aus, das leicht für die Teilnehmer zu kopieren ist.
- Whiteboards lassen sich, wegen des hellen Untergrunds, gut mit einer Digitalkamera abfotografieren.
- Bei Tafeln mit dunklem Untergrund müssen Sie sehr sorgfältig belichten, damit die Schrift auf dem Foto zu lesen ist.
- Bei beiden Tafeln kann es passieren, dass der Blitz auf der Tafel reflektiert wird und Teile nicht mehr zu lesen sind. Machen Sie ein Testbild. Schalten Sie den automatischen Blitz aus. Wenn Sie keine ruhige Hand haben, verwenden Sie ein Stativ.
- Entwerfen Sie Ihr Tafelbild vorher auf Papier und kopieren Sie es für die Teilnehmer, es lässt sich dann auch im Handout verwenden.

- Eigene Kreide oder Whiteboardmarker.
- Papiertaschentücher für das Whiteboard.
- Sauberes Tuch für die Schultafel.
- Magnete oder Tesakrepp.

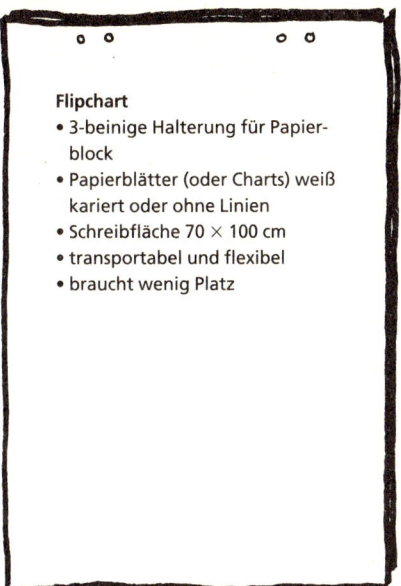

Flipchart
- 3-beinige Halterung für Papierblock
- Papierblätter (oder Charts) weiß
  kariert oder ohne Linien
- Schreibfläche 70 × 100 cm
- transportabel und flexibel
- braucht wenig Platz

- Kein technischer Aufwand.
- Flipcharts finden Sie überall.
- Blätter, die besprochen sind, werden vom Gestell ge-
  nommen und mit Klebeband (vorbereitete Tesakrepp-
  ringe) an der Wand oder an Pinnwänden bzw. Tafeln be-
  festigt. So ergibt sich zum Schluss ein komplettes Bild
  der Präsentation – das prägt sich besonders gut ein.
- Papierblöcke gibt es mittlerweile auch mit einer feinen
  Perforation am oberen Rand zum besseren Ablösen der
  Blätter.
- Benutzen Sie Lochverstärker und verstärken Sie die Ränder auf der Rückseite mit Tesafilm, wenn Sie Blätter abgeschlossen vorbereitet haben und öfter verwenden wollen.
- In längenverstellbaren Transportköchern oder mit Flip-

charttragetaschen können Sie die Blätter sicher transportieren.

○ Zum Archivieren finden Sie viele Ideen im Planungsbedarf für Architekten und Statiker. So können Pläne und Zeichnungen geschützt aufbewahrt werden. Es gibt zum Beispiel offene Köcher, in die die gerollten Flipcharts hineingestellt werden, oder große Planmappen, die Sie übereinander stapeln können, zum Hineinlegen der Flipcharts.

○ Flipcharts eignen sich hervorragend für offene Visualisierung.

○ Die Blätter lassen sich aber auch gut zu Hause vorbereiten.

○ Vorbereitete Blätter sind leicht zu transportieren.

○ Flipcharts unterstützen die Überblicksorientierung in der Vorbereitung, da nicht so viel Schreibfläche zur Verfügung steht.

○ Es ist einfach, mit mehreren Flipcharts zu arbeiten.

○ Gute Handskizzen auf dem Flipchart erfreuen Ihr Publikum.

○ Eine Idee für eine reine Flipchartpräsentation:
Flipcharts eignen sich hervorragend, um pro Blatt einen Hauptpunkt Ihrer Präsentation zu visualisieren, fünf Hauptpunkte genügen. Maximale Obergrenze sind zehn Blätter. Schreiben Sie jeden Hauptpunkt als Kopfzeile auf ein Flipchartblatt und auf den Rest des Blattes ergänzende Daten und Fakten (höchstens fünf). Vor Beginn der Präsentation hängen Sie die Blätter der Reihe nach im Vortragsraum auf und bedecken sie mit einem leeren Flipchartblatt. Während der Präsentation enthüllen Sie ein Blatt nach dem anderen und erzählen die Details zu diesem Hauptpunkt.

- Wenn Sie eine unleserliche Handschrift haben und diese auch als «Markenzeichen» beibehalten wollen, dann lassen Sie besser die Finger vom Flipchart.
- Es gibt zahllose Systeme, um den Papierblock am Ständer zu befestigen. Viele dieser Systeme sind unpraktisch, wie beispielsweise die Vorrichtung, bei der der ganze Block unter die Schiene geklemmt wird. Versuchen Sie da einmal, Ihre abgeschlossen vorbereiteten Blätter ohne Slapstickeinlage zu befestigen, mir gelingt es nicht.
- Die Fläche ist kleiner als bei Tafel und Pinnwand.
- Auch wenn viele das Vor- und Zurückblättern als Vorteil ansehen, finde ich es nicht geschickt, in den Papierbögen mit lautem Rascheln und Kommentaren à la «Wo ist es denn?» zu wühlen. Hängen Sie fertige Flipcharts besser im Raum auf.

- Es kann durchaus sinnvoll sein, die Charts bereits vorzubereiten, entweder handschriftlich oder als vergrößerte Druckvorlage, dann können die Teilnehmer sie zeitgleich mit der Präsentation als Unterlage bekommen.
- PinKing ist ein sehr gutes PC-Programm zur Vorbereitung und Dokumentation Ihrer Flipchartvisualisierung.
- Je nach Flipchartpapier kann es passieren, dass der Kamerablitz zu stark reflektiert wird und Teile nicht mehr zu lesen sind. Machen Sie ein Testbild mit der Digitalkamera. Schalten Sie den automatischen Blitz aus. Wenn Sie keine ruhige Hand haben, verwenden Sie ein Stativ.
- Stellen Sie das Flipchartgestell zum Fotografieren möglichst gerade, sonst fotografieren Sie ein Blatt, bei dem die oberen Ränder auf dem Bild wesentlich schmaler sind als die unteren.

- Eigene Filzstifte.
- Zur Sicherheit Flipchartpapier, denn wenn Sie Pech haben, bieten Ihnen sehr sparsame Veranstalter die Rückseite von bereits beschriebenen Blättern an.

- Tesakrepp.
- Nadel (Pinnwand- oder Sicherheitsnadel) zum sauberen Abtrennen von nichtperforierten Blättern. Einfach ganz oben die Nadel mit Schwung und Druck über das Flipchartpapier ziehen und dann das Blatt ablösen.

Pinnwand

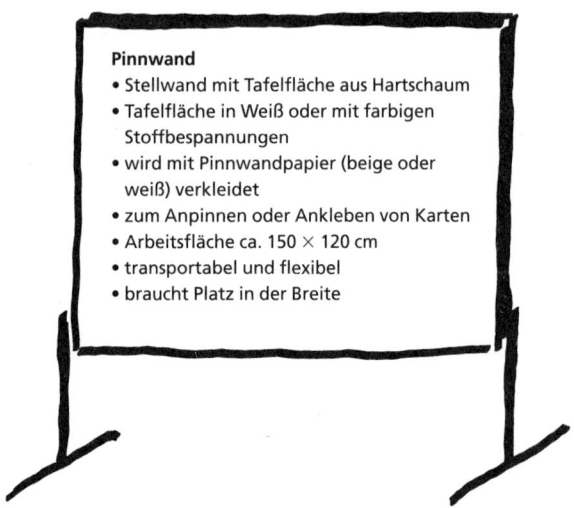

Pinnwand
- Stellwand mit Tafelfläche aus Hartschaum
- Tafelfläche in Weiß oder mit farbigen Stoffbespannungen
- wird mit Pinnwandpapier (beige oder weiß) verkleidet
- zum Anpinnen oder Ankleben von Karten
- Arbeitsfläche ca. 150 × 120 cm
- transportabel und flexibel
- braucht Platz in der Breite

!
- Kein technischer Aufwand.
- Pinnwände finden Sie in den meisten Seminarräumen.
- Bei der Vorbereitung fragen Sie immer nach, ob die Pinnwände auch die von Ihnen gewünschten Arbeitsflächen haben. Ich habe schon böse Überraschungen erlebt und gestaunt, was alles als Pinnwand durchgeht.
- Bespannen Sie – sofern die Pinnwände nicht schon vom Veranstalter so bereitgestellt werden – die Pinnwände mit dem dafür vorgesehenen Pinnwandpapier. Bei viel benutzten Pinnwänden ist die weiße Hartschaumfläche ohne Papier hässlich.

- Fragen Sie bei der Vorbereitung auch nach, welche Ausstattung der Moderationskoffer hat. Er sollte Karten in drei verschiedenen Formen und mindestens vier Farben enthalten. Ferner gehören hinein: für die Überschrift Wolken, Eckwolken, die in die Ecke der Pinnwand passen, oder lange Streifen, Nadeln, Schere, Kleber und Bewertungspunkte in vier Farben. Tesakrepp und Stifte sollten auch selbstverständlich sein.
- Planen Sie Platz im Präsentationsraum ein, wo Sie Pinnwände, über deren Inhalte Sie schon gesprochen haben, hinstellen können.

- Pinnwände eignen sich hervorragend für halb offene Visualisierung, denn die Karten und die Struktur lassen sich gut zu Hause vorbereiten.

- Die Karten sind leicht zu transportieren.
- Auch bei Pinnwänden müssen Sie die Datenmenge reduzieren. Das unterstützt wiederum die Überblicksorientierung in der Vorbereitung.
- Pinnwände sind unschlagbar, wenn Sie den Überblick dauernd visualisieren wollen.
- Pinnwände eignen sich sehr gut, um Prozesse Schritt für Schritt sichtbar zu machen.
- Angepinnte Karten auf der Pinnwand sind einfach umzustrukturieren.
- Wenn eine Pinnwand nicht reicht, stellen Sie eine zweite oder dritte dazu. Je nach Räumgröße – Sie brauchen Platz in der Breite – können Sie mit bis zu 10 Pinnwänden arbeiten.

- Die Handschrift ist auch bei der Pinnwand der Knackpunkt. Sie können bei halb offener Visualisierung die Karteninhalte auf A4-Karton ausdrucken und dann auf Kartengröße (20,5 × 9,5 cm) zurechtschneiden.
- Die Arbeit mit Kärtchen und Stiften dauert länger als

mit vorgefertigtem Visualisierungsmaterial. Sie müssen diese Zeit einplanen.

- Sie brauchen eine klare Struktur, sonst haben Sie zum Schluss «Kraut und Rüben» auf der Pinnwand, aber keinen Überblick.
- Halten Sie genug Nadeln für Ihre Karten bereit. Es ist nervig, wenn Sie während der Präsentation bemerken, dass die Nadeln nicht reichen. Für große Karten brauchen Sie zwei Nadeln. Stecken Sie die Nadeln an den Rand der Pinnwand oder gleich an die Stelle, die für die Karte vorgesehen ist.
- Schief hängende Karten sind unschön, es sei denn, Sie haben es beabsichtigt.
- Knallen Sie bitte die Nadeln nicht in die Pinnwand. Halten Sie die Pinnwand an einer Seite fest, dann können Sie die Karten leicht anheften. Und machen Sie dabei eine Sprechpause.

- Wenn Sie Ihre Visualisierung an der Pinnwand vorbereiten: PinKing ist ein hervorragendes PC-Programm zur Vorbereitung und eignet sich gleichzeitig zur Dokumentation Ihrer Pinnwände.
- Achten Sie bei Dokumentationen mit der Digitalkamera darauf, dass bei beigem oder weißem Pinnwandpapier die matte Seite zu sehen ist. Sonst kann es passieren, dass der Blitz zu stark reflektiert wird und Teile nicht mehr zu lesen sind.
- Weißes Pinnwandpapier ist für die Dokumentation mit der Digitalkamera geeigneter.
- Fast nicht zu entziffern sind rote Moderationskarten, die mit schwarzem Filzstift beschrieben wurden.
- Machen Sie ein Foto von der gesamten Wand und dann Detailfotos, falls viele Karten mit vielen Details an der Pinnwand hängen.
- Für Pinnwände, an denen oft viele Karten mit nicht allzu großer Schrift hängen, sollten Sie eine Digitalkamera ab

4,0 Megapixel einsetzen, sonst können Sie bei Vergröße-
rungen nichts mehr lesen.

- Eigene Stifte in zwei Größen.
- Unbedingt Pinnwandnadeln.
- Tesakrepp.
- Schere.
- Karten in einer Form, zum Beispiel rechteckig oder oval,
  und vier Farben genügen als Notausrüstung.

Plakate

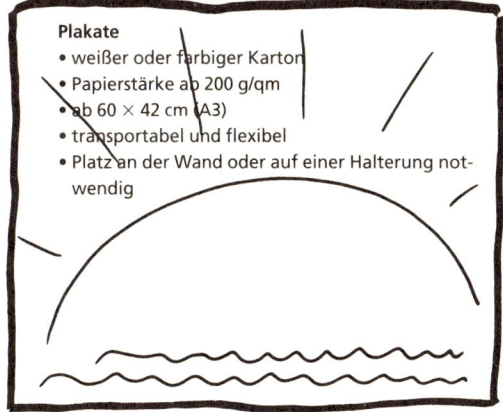

- In den meisten Kopierläden können Sie Plakatvorlagen
  bis A3 vergrößern und kopieren lassen.
- Großplakate in Farbe oder Schwarzweiß machen nur
  spezielle Kopierläden mit Großflächenkopierern oder
  Plottern. Der Plotter, ein großer Drucker für den PC,
  kann aus Ihren PC-Vorlagen Plakate bis 90 cm Breite
  und Länge nach Wunsch machen, da das Plotterpapier
  auf Endlosrollen ist.

- Wenn Sie gerne Plakate selbst gestalten wollen, dann heben Sie alte Kalender auf. Sie haben dort eine wahre Fundgrube für schöne Bilder.
- Sollte Ihre Schrift nicht plakattauglich sein, dann drucken Sie den Text am PC aus und kleben ihn auf das Plakat, zusammen mit den entsprechenden Bildern.
- In Posterkoffern können Sie die Plakate bis A1 sicher transportieren.
- Zum Archivieren gibt es große Mappen (bis zu A0). Siehe auch bei Flipchart.

- Plakate sind Medien für eine abgeschlossene Visualisierung.

- Plakate können schon vor der Präsentation zum Lesen und Betrachten einladen, wie bei einem Galeriebesuch. Dazu verwenden Sie mehrere Pinnwände, Magnettafeln oder Raumwände, um eine Themenlandschaft mit Skizzen, Tabellen, Texten, Diagrammen, Fotos, Zeitungsseiten oder dem Titelblatt des Geschäftsberichtes zu gestalten.
- Ideal sind sie, um Ihrem Publikum wichtige Thesen oder Zitate ganz nebenbei immer wieder vor Augen zu führen oder die Zuschauer in die richtige Stimmung zu versetzen – zum Beispiel mit einem Veranstaltungsmotto. Man nennt sie deshalb auch periphere Stimuli.
- Plakate in Übergröße, die während der gesamten Präsentation zu sehen sind, eignen sich vor allem für Informationen, die ständig präsent sein sollten. Das kann der Überblick sein, um Gesamtzusammenhänge deutlich zu machen oder die Vision. Diese Plakate werden auch als Learning Maps bezeichnet.
- Roadmaps sind Großplakate, auf denen der Umsetzungsweg bildhaft dargestellt wird. Zum Beispiel als Straßenkarte, Eisenbahnstrecke oder Landschaftsansicht.
- Historienplakate regen die Teilnehmer an, sich mit der

Vergangenheit, Gegenwart und Zukunft Ihres Themas auseinander zu setzen. Wichtige Erfolge und Meilensteine können gut bildhaft dargestellt werden. Bei der Aufteilung in gestern, heute und morgen bietet es sich an, mit drei Plakaten zu arbeiten.

○ Für Plakate, die Ihre Teilnehmer während einer Veranstaltung selbst erstellen sollen, halten Sie bitte Material bereit. Nicht jeder kann aus dem Stegreif visualisieren. Gut geeignet sind Wolken, Kreise, Sprechblasen oder Männchenumrisse aus dem Moderationskoffer.

○ Schnell zusammengepfuschte Plakate, nur damit ein Plakat bei der Präsentation hängt, verfehlen ihren Zweck.

○ Plakate zu erstellen, braucht Zeit und Muße.

○ Beachten Sie die Wirkung von Farben (Kapitel 5)

○ Bei Plakaten, die eine A4-Vorlage haben, kann die Vorlage für die Dokumentation bequem kopiert werden.

○ Von Hand gestaltete Plakate dokumentieren Sie mit der Digitalkamera.

○ Tesakrepp oder Nadeln zum Aufhängen.

○ Klebestifte oder Kleberoller, um bei aufgeklebten Bildern herunterhängende Ecken wieder anzukleben.

Reale Gegenstände

Reale Gegenstände
• groß genug, dass sie jeder sehen kann
• fast nie zum Beschreiben oder Bepinnen geeignet
• transportabel und flexibel

!

- Bei kleineren Gegenständen kann ein Podest sinnvoll sein.
- Je nach Größe und Preis des Gegenstandes kann die präsentierende Person oder das ganze Publikum diesen Gegenstand in Händen halten.
- Reale Gegenstände können als solche erklärt werden, zum Beispiel wenn Sie eine neue Bonbonmarke präsentieren.
- Reale Gegenstände können aber auch als Metapher oder als Visualisierung Ihres Mottos verwendet werden.
- Normalerweise werden reale Gegenstände immer nur als Ergänzung der anderen Visualisierungsmedien genutzt.

- Reale Gegenstände sind Medien für eine abgeschlossene Visualisierung.

+

- Es gibt Themen in der Präsentation, die mehr als zwei Sinne, das Sehen und Hören, ansprechen sollten. Vielleicht gibt es etwas anzufassen, zu riechen oder zu schmecken. Das erreichen Sie nur mit realen Gegenständen.
- Bei Verkaufspräsentationen wird oft mit realen Gegenständen visualisiert, denn «Sehen ist Glauben, doch Anfassen ist Wahrheit», nach einem amerikanischen Sprichwort.
- Reale Gegenstände sind in «normalen» Vorträgen und Präsentationen ungewöhnlich und erregen Aufmerksamkeit.

- Wenn das Publikum Gegenstände in die Hand bekommt, ändert sich die Richtung der Aufmerksamkeit – und zwar hin zum realen Gegenstand und weg von Ihnen.
- Der Gegenstand muss groß genug sein, dass ihn jeder im Publikum sehen kann, wenn Sie ihn vorne zeigen.
- Das Publikum muss den Sinn des Gegenstandes für die Präsentation begreifen. Die schönste Metapher verpufft, wenn sie keiner erkennt.

- Fotos der realen Gegenstände.
- Schnappschüsse vom Publikum mit dem realen Gegenstand.

- Nehmen Sie den Gegenstand noch einmal mit, falls er nicht zu teuer ist.

6.3 Kurz-Medien

Overheadprojektor und Laptop mit Beamer gehören zu den Medien, bei denen Ihr Publikum den Inhalt Ihrer Visualisierung nur kurze Zeit vor Augen hat. Es sind optische Medien, die durchsichtige Folien oder die Bildschirminhalte auf größere Wandflächen projizieren.

Videos oder DVDs sind keine klassischen Kurz-Medien für die Visualisierung von Inhalten, aber auch hier sind die Bilder immer nur kurze Zeit für das Publikum sichtbar.

Die Technik hat in den letzten Jahren vieles möglich gemacht. Mit den Möglichkeiten steigen aber auch die Ansprüche: Eine Overhead- oder Beamerpräsentation muss schon sehr gut sein, um heutzutage noch Aufmerksamkeit zu erregen. Die wichtigste Regel: Nicht alles tun, was geht – tun Sie nur das, was sinnvoll ist, das aber richtig, denn Kurz-Medien verführen zu überflüssigen Details, seien es nun Texte oder Bilder. Und eines sollten Sie nicht vergessen: So schön die Möglichkeiten der modernen Technik sind, je mehr Technik Sie einsetzen, desto mehr technische Pannen sind möglich. Noch ein Tipp: kombinieren Sie Folien mit einem Dauer-Medium, das den Überblick ermöglicht.

«Alles, was kaputtgehen kann, wird kaputtgehen.»
Murphys Gesetz

Bei Präsentationen wurde, durch die technischen Möglichkeiten, der Zeigestab vom Laserpointer abgelöst – und damit eine Unsitte durch eine andere ersetzt. Wurden eine Zeit lang die Zeigestäbe oberlehrerhaft geschwungen und auf Leinwände geknallt, zittern jetzt winzige rote Punkte auf der Leinwand herum. Ich habe noch nie jemanden ge-

Verschenken Sie Ihren Laserpointer an Star-Wars-Fans, aber setzen Sie ihn nicht bei Präsentationen ein.

sehen, der den Laserpointer ruhig halten konnte, vielleicht können es ja die Schützen bei der Olympiade. Bei der normalen Anspannung vor einer Präsentation zittern die Hände, wie stark dann erst bei Lampenfieber? Der kleine rote Punkt, der sowieso schon schlecht zu erkennen ist, flackert wirr auf der Projektionsfläche herum und lenkt das Publikum ab.

Overheadprojektor

Overheadprojektor
- Projektor mit großer Lichtleistung
- Räume müssen selten verdunkelt werden
- wird auch Polylux oder Tageslichtprojektor genannt
- Projektionsvorlagen: durchsichtige Folien A4
- Größe der Projektionsfläche: abhängig von Wand- oder Leinwandfläche und Abstand des Projektors
- Projektor ist – je nach Ausführung – transportabel und flexibel
- Projektionsfläche ist fest und braucht Platz

!
- Mittlerer technischer Aufwand.
- Overheadprojektoren finden Sie überall.
- Befestigen Sie das Kabel des Projektors mit Klebeband, damit Sie nicht stolpern.
- Organisieren Sie sich einen Beistelltisch, der groß genug für Ihre gesamten Materialien ist.

- Prüfen Sie die Lichtverhältnisse im Raum, vielleicht müssen Sie auch beim Overheadprojektor verdunkeln.
- Stellen Sie die Projektionsfläche vor der Präsentation ein. Der obere Rand endet genau unterhalb der Decke.
- Bei Leinwänden stellen Sie die Projektionsfläche so ein, dass sie nicht größer ist als die Leinwand selbst.
- Es genügt nicht, dass Sie Ihre Folien am Schreibtisch betrachten, um zu sehen, ob alles in Ordnung ist. Testen Sie sie auf einem Overheadprojektor, nur dann merken Sie, ob auch in der Projektion alles zu lesen ist.
- Schalten Sie in Pausen und am Ende der Präsentation das Gerät aus. Es wird zwar vorgeschlagen, bei jedem Folienwechsel den Projektor an- und auszumachen oder den Spiegel zu schließen, damit das Publikum nicht irritiert wird. Ich finde das jedoch nervig.
- Zeigen Sie das, was Sie zeigen wollen, nicht an der Leinwand, sondern auf dem Projektor. Aber niemals mit dem Finger, sondern legen Sie einen Stift auf die Folie.

Tipps zu Folien:
- Nummerieren Sie Ihre Folien.
- Lassen Sie die Folie nicht länger als nötig auf dem Projektor liegen.
- Lesen Sie Ihre Folien nicht Wort für Wort vor.
- Zeigen Sie nur das, was gerade besprochen wird.
- Machen Sie von Ihrer Originalfolie eine Kopie. Die Kopie können Sie dann während der Präsentation nach Herzenslust ergänzen.
- Oder verwenden Sie Flipframes (zum Beispiel Flip Frame von 3M). Die schützen Ihre Folien und lassen sich auf den Papierstreifen am Rand beschriften. Das erleichtert das Sortieren und Archivieren. Auf die Hülle schreiben Sie «Ergänzungen», dann bleibt die Originalfolie erhalten.
- In Aktenordnern oder Dokumentenmappen können Sie die Folien sicher transportieren und archivieren.

- Der Overheadprojektor eignet sich für abgeschlossene und halb offene Visualisierung.
- Schreiben Sie auch während des Vortrags noch etwas auf Ihre Folien, das belebt.
- Folien sind gut vorzubereiten. Handschriftlich oder mit PC und Drucker.

- Relativ einfache technische Handhabung.
- Folien sind leicht zu transportieren und haltbar.
- Abgeschlossene Folien lassen sich mehrfach verwenden.
- Sehr komplexe Inhalte lassen sich nicht ohne enormen Aufwand spontan manuell darstellen, das geht mit Folien in der Regel besser.
- Mit Overlay (Übereinanderlegtechnik) entstehen komplexe Inhalte durch schrittweises Aufeinanderlegen der Folien. Maximal drei Folien.
- Gute Handskizzen auf Folien wirken auf Ihr Publikum persönlich, sind aber schwieriger zu erstellen als auf Papier.

- Auch wenn in vielen Räumen Overheadprojektoren stehen, sind die meisten Räume nur bedingt dafür geeignet.
- In Räumen mit normal hohen Decken ist der untere Teil der Wandprojektion schlecht zu lesen. Verwenden Sie die Folien im Querformat.
- Oft kann nur der mittlere Bereich der Folien wirklich scharf eingestellt werden. Achten Sie bei der Vorbereitung der Folien darauf.
- Bei manchen Projektoren ist das Lüftergeräusch störend laut.
- Eine Visualisierung mit abgeschlossenen Folien wirkt nüchtern und förmlich.
- Folien verlocken dazu, zu viele Informationen anzubieten.
- Seien Sie vorsichtig mit den beliebten Folienenthüllungen. Wenn jedes Wort einzeln aufgedeckt wird, reagiert

Ihr Publikum wahrscheinlich genervt. Wie bei dem Overlay sind auch beim Enthüllen von Folien drei Schritte ausreichend.

○ Folien können leicht kopiert werden.

○ Permanent-OHP-Folienstifte-Größe M.
○ Permanent-OHP-Marker.
○ Leere Folien.
○ Alkohol und Papiertaschentücher zum Reinigen der Projektoroberfläche und Flipframes.
○ Ersatzbirnen, falls Sie den Projektortyp kennen.
○ Verlängerungskabel.
○ Adapterstecker im Ausland.
○ Und für alle, die hundertprozentig sicher gehen wollen: einen Ersatzprojektor.

Laptop und Beamer

Laptop und Beamer
- tragbarer PC (Notebook oder Laptop) und Spezialprojektor (Beamer)
- Projektionsvorlagen: zum Beispiel PowerPoint-Präsentationsprogramm auf dem Laptop
- Größe der Projektionsfläche: abhängig von Wand- oder Leinwandfläche und Abstand des Beamers
- Räume müssen verdunkelt werden
- Laptop und Beamer brauchen wenig Platz und sind transportabel
- Projektionsfläche ist fest und braucht Platz

! ○ Hoher technischer Aufwand.

○ Fragen Sie vor der Präsentation, welcher Beamertyp vorhanden ist und ob er Ihren Anforderungen genügt. Sie brauchen

SVGA – für normale Texte,

XGA – für Texte und Grafik,

SXGA – für Mulitimediapräsentationen,

UXGA – für Videosequenzen und komplexe Animationen.

Prüfen Sie, ob diese Auflösungen mit dem Betriebssystem Ihres Laptops übereinstimmen.

○ Technisches Wissen über Laptop und Beamer ist Voraussetzung. Fehlt es Ihnen, brauchen Sie vor Ort jemanden, der sich um die Technik von Beamer UND Laptop kümmert. Fragen Sie vorsichtshalber nach.

○ Manche Veranstalter stellen nur den Beamer zur Verfügung. Sie müssen dann selbst Laptop oder Notebook mitbringen und bedienen können.

○ Verwenden Sie für den Laptop ein Netzteil, damit ein schwacher Akku nicht während der Präsentation Ihren Laptop abschaltet.

○ Befestigen Sie die Kabel von Laptop und Beamer mit Klebeband, damit Sie nicht stolpern.

○ Prüfen Sie die Lichtverhältnisse im Raum.

○ Erst den Beamer, dann den Laptop einschalten

○ Schalten Sie Bildschirmschoner und Energiesparfunktion (Stand-by) aus.

○ Stellen Sie die Projektionsfläche vor der Präsentation ein. Der obere Rand endet genau unterhalb der Decke.

○ Bei Leinwänden stellen Sie die Projektionsfläche so ein, dass sie nicht über die Leinwand hinausgeht.

○ Die Fernbedienung oder Funkmaus gibt Ihnen Bewegungsfreiheit im Raum.

○ Markieren Sie den Inhalt, über den Sie gerade sprechen, nicht an der Leinwand mit Laserpointer. Im PowerPoint-Programm gibt es die Möglichkeit, per Mausklick Hinweispunkte vor die Stichwörter zu setzen oder Pfeile an die Stelle, um die es gerade geht.

○ Steuern Sie den Seiten- oder Folienwechsel auf keinen Fall mit Zeitsteuerung, sondern von Hand.

○ Lesen Sie Ihre Folien nicht Wort für Wort vor.

○ Lesen Sie vorher in der Betriebsanleitung nach oder fragen Sie, wie der Beamer ausgeschaltet wird. Die Birnen sind teuer und empfindlich.

○ Archivieren und sichern Sie Ihre Bildschirmpräsentation auf CD-ROM oder Diskette. Wer viel mit Laptop und Beamer präsentiert, sollte jede seiner Präsentationen in der endgültigen Fassung auf einer eigenen CD-ROM oder Diskette speichern und aufbewahren. Dann ist die Verwechslungsgefahr der Dateien bei der Präsentation ausgeschlossen.

○ Laptop-und-Beamer-Präsentationen sind nur für abgeschlossene Visualisierung geeignet.

○ Dicke Ordner mit Foliensätzen entfallen.

○ Bildschirmpräsentationen lassen sich beliebig oft verwenden.

○ Änderungen und Aktualisierungen können vor der Präsentation leicht eingearbeitet werden.

○ Im Gegensatz zu Folien sind Beamer-Präsentationen animierbar.

○ Fotos und kurze Filmsequenzen lassen sich leicht einarbeiten.

○ Komplexe Inhalte lassen sich gut Schritt für Schritt erklären. Vermeiden Sie aber mehr als 5 Schritte auf einer Folie.

○ Folienwechsel per Hand entfällt, dafür haben Sie die Maus.

○ Die Technik muss vorbereitet und betreut werden.

○ Lichtschwache Beamer (unter 500 ANSI-Lumen) brauchen immer Räume, die man verdunkeln kann.

- Eine Präsentation auf dem Computer zu erstellen, ist sehr aufwendig und setzt das Wissen von Präsentationsprogrammen, zum Beispiel PowerPoint, voraus.
- Beamerpräsentationen sind mittlerweile in Unternehmen alltäglich und wirken oft konventionell.
- Inhalte werden zugunsten der «Showeffekte» vernachlässigt.
- Der Beamer schafft Distanz zum Publikum, und manche Redner degradieren sich zum Bedienungspersonal der Geräte.

- Die Bildschirminhalte können leicht ausgedruckt werden.

- Bildschirminhalte ausgedruckt auf Folien für den Overheadprojektor.
- Bildschirmpräsentation auf CD-ROM oder Diskette.
- Verlängerungskabel.
- Adapterstecker im Ausland.

Video und DVD

Video und DVD
- Abspielgerät für Video oder DVD
- Monitore: Fernseher, Großbildmonitore, Großleinwände
- Räume müssen selten verdunkelt werden
- Monitor braucht Platz und ist nicht transportabel

- Hoher technischer Aufwand. **!**
- Fragen Sie vor der Präsentation, ob die Abspielgeräte für Video oder DVD passen.
- Prüfen Sie vor der Präsentation, ob der Monitor funktioniert.
- Stellen Sie bei Leinwänden die Projektionsfläche so ein, dass sie nicht größer ist als die Leinwand.
- Wenn Sie mit dem Fernseher als Monitor arbeiten, probieren Sie vorher aus, wie viele Menschen vor diesem Fernseher sitzen können und noch etwas sehen.
- Die Fernbedienung gibt Ihnen Bewegungsfreiheit im Raum. Machen Sie sich mit der Fernbedienung vertraut, zum Beispiel wenn Sie den Film als Standbild anhalten wollen.
- Verwenden Sie auf keinen Fall einen Laserpointer, um auf Inhalte hinzuweisen. Erzählen Sie.
- Verwenden Sie Video und DVD immer nur als ergänzende Visualisierung.
- Gut geeignet für Video und DVD sind:
  Ansprachen, Grußworte, Interviews mit Geschäftspartnern, Kunden oder Personen bei Meinungsumfragen.
  Auch inszenierte Abläufe, zum Beispiel Reklamationen oder Servicebeispiele, eignen sich.
  Testabläufe und Studien kann man damit gut veranschaulichen
- Bei einer einstündigen Präsentation maximal 10 Minuten Video oder DVD.

- Video und DVD eignen sich nur für abgeschlossene Visualisierungen.

+

- Abläufe und Handlungen können lebendig und realitätsnah dargestellt werden.
- Sehr gute Bildqualität.
- Auch bei Tageslicht möglich.

- Die Technik muss vorbereitet und betreut werden.
- Video und DVD professionell zu erstellen, ist äußerst aufwendig und teuer.
- Wenn das Publikum den Sinn der Filme nicht erkennt, ist es schnell gelangweilt, die Aufmerksamkeit sinkt.
- Wenn die Videos und DVDs zu lang sind, geht der Bezug zwischen Redner und Publikum verloren.

- Wenn mit digitalen Medien gearbeitet wird, können Sie bei kurzen Filmen ein Wiedersehen im Intranet (im eigenen Firmennetz) oder im Internet über Ihre Webseite ermöglichen.

- Verlängerungskabel.
- Adapterstecker im Ausland.

6.4 Handouts

Denn was man schwarz auf weiß besitzt, kann man getrost nach Hause tragen.
Johann Wolfgang von Goethe

Das Handout ist das i-Tüpfelchen Ihrer Präsentation.

Eine Präsentation ist mehr als nur das Vortragen von Gedanken und Ideen. Mindestens genauso entscheidend für den Erfolg ist das Drumherum. Ihren Zuschauern bleibt ja nicht nur in Erinnerung, was Sie gesagt und gezeigt, sondern auch, wie sie selbst sich dabei gefühlt haben, und nicht zuletzt das, was sie ganz konkret mitnehmen können: die Handouts.

Handouts oder Teilnehmerunterlagen können Sie vor, während oder nach der Präsentation einsetzen.

Wann Sie die Handouts verteilen, hängt davon ab, ob Sie mit dem Handout während der Präsentation arbeiten wollen.

Wann teilen Sie die Handouts aus?

Vor der Präsentation:

Teilen Sie vor der Präsentation ein 20-seitiges Handout aus, dann wird das Publikum zu blättern und lesen anfangen. Wenn Sie mit dem Handout arbeiten wollen, dann bauen Sie die Zeit für das Blättern in die Präsentation mit ein: Zum Beispiel haben die Superpünktlichen im Publikum schon etwas, während Sie darauf warten, dass alle da sind. Erklären Sie dann kurz, wann und wie das Handout gebraucht wird.

Wenn die Teilnehmer im Handout blättern, brauchen Sie noch nicht zu beginnen.

Als Handout können auch Teile einer Präsentation, zum Beispiel das Zahlenwerk, ausgegeben werden. Wenn Sie mit diesen Zahlen ohne zusätzliche Visualisierung arbeiten wollen, sollte die Teilnehmerrunde nur aus ca. 10 Personen bestehen. Wenn Sie ins Handout nur die Kernpunkte Ihrer Präsentation aufnehmen wollen und während der Präsentation bei einem größeren Kreis mit anderen Visualisierungsmedien arbeiten, dann weisen Sie bitte Ihre Teilnehmer darauf hin, dass es nur zu diesen Punkten Handouts gibt. Jeder Teilnehmer kann sich dann selbst entscheiden, ob er sich zu den anderen Themen Notizen macht.

Während der Präsentation

Damit das Geblättere vor der Präsentation und damit die Ablenkung reduziert wird, können Sie auch während der Präsentation Unterlagen ausgeben. Gut funktioniert das nur bei kleineren Teilnehmergruppen (bis ca. 30 Personen), sonst nimmt das Verteilen zu viel Zeit in Anspruch. Ich empfehle Ihnen, immer nur den Teilbereich des Handouts zu verteilen, den Sie gerade präsentieren, und nicht das gesamte Handout, das verführt wieder zum Nachschlagen und lenkt ab.

Verteilen Sie nur die Blätter, die Sie gerade besprechen.

Nach der Präsentation:

Möchten Sie, dass Ihre Teilnehmer das Handout während der Präsentation benutzen? Wenn ja, dann entscheiden Sie sich, ob Sie besser vor oder während der Präsentation die Unterlagen austeilen.

*Falls Sie das Handout **nicht** während der Präsentation verwenden, geben*

Sie die Handouts erst **nach** der Präsentation aus.

Versenden Sie Ihre Handouts zeitnah zur Präsentation.

Wenn nein, dann geben Sie das Handout erst nach der Präsentation aus. Das kann direkt im Anschluss sein. Oder Sie versenden die Handouts, das geht aber nur bei einem Teilnehmerkreis, der Ihnen bekannt ist.

Die meisten Sympathien kostet es Sie vermutlich, wenn die Teilnehmer ihre Unterlagen zu spät erhalten. Ein Handout möchte man schließlich haben, solange man sich gedanklich noch mit dem Thema beschäftigt.

Wie sollen Handouts aussehen?

Die einfachste, wenn auch nicht die beste Version von Teilnehmerunterlagen sind Kopien der Folien. Ein Nachteil solcher Kopien ist, dass Quellenangaben, Fußnoten oder ausgeschriebene Abkürzungen fehlen.

Ein gutes Handout liefert dagegen zusätzliche Einzelheiten, weiterführende Informationen und wird durch weitere Dokumente ergänzt. Hier können Sie notieren, was Sie während der Präsentation zu den Folien gesagt haben, die berühmten ganzen Sätze, die bei der Visualisierung nichts zu suchen haben.

Verzichten Sie auf dicke Wälzer.

Wer es besonders umfangreich machen möchte, kann zur PowerPoint-Präsentation sogar ein Handbuch liefern. Dazu schickt man aus PowerPoint heraus die Folien an Word und erweitert die Folien dort zum Buch. Ausdrucken, fertig. Ob allerdings Handouts mit mehr als 100 Seiten zu Ihrem Präsentationserfolg beitragen und ob diese Seiten auch gelesen werden – ?

Hängen Sie auf den letzten Metern nicht durch. Gestalten Sie das Handout so gut wie Ihre gesamte Präsentation.

Handouts sind oft lieblos gemacht. Gestalten Sie sie optisch ansprechend – es ist die Chance, Ihren guten Eindruck dauerhaft zu verankern. Verwenden Sie ein Titelblatt, aus dem sofort hervorgeht, dass es sich um das Handout Ihrer Präsentation handelt. Ein Schlussblatt mit einem Dankeschön und Ihrer Adresse für Rückfragen rundet das Ganze ab.

Damit die Teilnehmer in Ihren Unterlagen die Struktur der Veranstaltung wiedererkennen, halten Sie sich mit der

Dokumentation genau an den Präsentationsablauf, den die Teilnehmer erlebt haben. Wenn Sie zusätzliche Informationen einfügen, dann kennzeichnen Sie diese, damit die Teilnehmer nicht im Nachhinein rätseln müssen, wann Sie dieses Thema denn besprochen haben.

Vorbereitete Seiten, die mit dem Programm PinKing erstellt wurden, lassen sich gut mit Digitalfotos der Teilnehmer und mit den während der Präsentation entstandenen Pinnwänden kombinieren.

Seit es Digitalkameras gibt, sind auch Visualisierungen von Tafel, Flipchart, Pinnwand und Plakaten gut zu dokumentieren. Bei den Aufnahmen sollten Sie beachten:

> Lassen Sie auch im Handout den roten Faden der Präsentation sichtbar werden.

- Nehmen Sie das Ladegerät und zusätzliche Speicherkarten mit. Mir ist es schon passiert, dass der Akku meiner Kamera nur noch Saft für zwei Fotos hatte. Die nicht fotografierten 58 Karten musste ich dann in Fleißarbeit auf vier Pinnwandpapierbogen aufkleben und zu Hause fotografieren.
- Fotos, auf denen fast nichts zu erkennen ist, lassen Sie weg. Wenn wichtige Inhalte darauf sind, müssen Sie in den sauren Apfel beißen und die Inhalte per Hand abschreiben.
- Prüfen Sie, ob der Blitz auf der Oberfläche nicht zu stark reflektiert wird, und wählen Sie den Abstand «blitzgerecht», damit der Helligkeitsunterschied zwischen Bildmitte und Rändern nicht zu groß ist.
- Achten Sie darauf, dass die Kanten senkrecht und waagrecht sind.
- Wählen Sie den Ausschnitt etwas größer, damit alles auf dem Bild ist.
- Fotografieren Sie Platzhalter für Aufnahmen, die erst später gemacht werden können, damit das Sortieren und Umbenennen der Dateien weniger Arbeit macht.
- Fotografieren Sie die Teilnehmer, zum Beispiel bei einer Gruppenarbeit, und danach das Ergebnis der Gruppenarbeit. Das macht das Protokoll lebendiger.

> Ein Hoch auf die Digitalkamera: Damit bekommen Sie Ihre Visualisierungen von Tafel, Flipchart, Pinnwand und Plakaten ins Handout.

- Kontrollieren Sie die Fotos sofort, um notfalls noch einmal fotografieren zu können.
- Übertragen Sie die Bilddaten zeitnah auf den PC, Sie können sich sonst nur schlecht erinnern, wer da was warum gemacht hat und warum Sie das auch noch fotografiert haben.
- Geben Sie den Fotos aussagekräftige Dateinamen.
- Drehen Sie alle Bilder so, dass sie aufrecht stehen.
- Beschneiden Sie die Bilder, damit nur das zu sehen ist, was zu sehen sein soll.
- Korrigieren Sie Farbe und Kontrast.
- Fügen Sie Kommentare und Ergänzungen ein. Stellen Sie sich dabei vor, die Teilnehmer nehmen das Handout nach einem halben Jahr in die Hand. Ist dann alles verständlich? Schreiben Sie lieber einen Satz zu viel als zu wenig.
- Sie können dem Fotoprotokoll zusätzliche Hintergrundinformationen beilegen, die Ihr Handout abrunden.

Papier oder virtuell? Welche Form Sie wählen, ist abhängig von Ihrer technischen Ausrüstung und der Ihres Publikums.

Wie kommt Ihr Publikum an das Handout?

Sie können Ihr Handout ausdrucken, für jeden Teilnehmer eine CD-ROM mit den Inhalten brennen oder die Inhalte im firmeneigenen Intranet der Teilnehmer bereitstellen. Wenn Sie eine Webseite haben, können Sie auch am Ende der Präsentation das Passwort für Ihre Webseite angeben, dann rufen die Zuhörer dort das Handout ab.

7
Und zum Schluss ...

Alles zu sagen, ist das Geheimnis der Langeweile.
Voltaire

Schwirren die Gedanken in Ihrem Kopf wie Hummel-schwärme? Wissen Sie jetzt gar nicht mehr, worauf Sie achten sollen? So viele Tipps und Tricks, so viele Fallstricke und Dinge, die beachtet werden sollen. Kann das gut gehen?

«Perfektion kann man bewundern, lieben kann man sie nicht»
Jeanne Moreau

Setzen Sie sich Schwerpunkte, niemand kann alles sofort, und das auch noch perfekt. Es ist ein menschlicher Wunsch, alles perfekt zu können, sinnvoll ist er nicht.

Vielleicht haben Sie jetzt viele Ideen und Anregungen bekommen, und gleichzeitig ist da die leise Stimme im Hinterkopf: «Wann willst du das denn alles tun? Du hast doch eh schon zu viel Zeit mit dem Vorbereiten der Folien verbracht und jetzt auch noch ändern oder sogar etwas völlig Neues wie Flipchart und Pinnwand einführen. Das klappt doch nie, und du blamierst dich bis auf die Knochen.»

Im Kapitel 4 ging es unter anderem um dieses innere Hin und Her, das Ping-Pong-Spiel. Geben Sie den neuen Ideen Raum und schieben Sie sie nicht sofort zur Seite, lassen Sie Ihre Ideen wachsen. Und erst dann sortieren Sie aus. Bereiten Sie diese Auswahl vor und setzen Sie die Visualisierungsideen um.

Es ist sinnvoll, wenn Sie sich erst mal nur drei neue Dinge für Ihre Visualisierung vornehmen und die aber auch verwirklichen.

Gute Präsentationen und Filme haben eine Gemeinsamkeit: Beide erzählen Geschichten, fesseln und bewegen das

Publikum, und beide erreichen das zu einem Großteil mit Bildern. Aber nicht nur mit den Bildern, die Sprache und die Ausdruckskraft der Menschen gehören auch dazu. Stehen Sie zu Ihren Bildern, Ihrer Sprache und Ihrer Ausdruckskraft, nehmen Sie Neues auf und bleiben Sie sich selbst treu.

Und zum Schluss noch eine Geschichte:

Zwei Samen

Es steckten einmal zwei Samenkörner nebeneinander im Boden.

Der erste Samen sprach: «Ich will wachsen! Ich will meine Wurzeln tief in die Erde senden, und ich will als kleines Pflänzchen die Erdkruste durchbrechen, um dann kräftig zu wachsen. Ich will meine Blätter entfalten und mit ihnen die Ankunft des Frühlings feiern. Ich will die Sonne spüren, mich vom Wind hin und her wehen lassen und den Morgentau auf mir spüren. Was auf mich zukommt, das werde ich schon schaffen, denn dafür bin ich ja ein Samenkorn. Und was alles passieren wird, weiß ich jetzt noch nicht, aber ich will wachsen!»

Und so wuchs der Samen zu einer kräftigen Pflanze.

Der zweite Samen sprach: «Ich bin mir nicht sicher. Ich lebe doch gut in der Erde. Was ich bisher in der Erde gemacht habe, war doch hervorragend. Wenn ich jetzt meine Wurzeln in den Boden sende, weiß ich nicht, was mich dort in der Tiefe erwartet. Ich befürchte, dass es mir wehtut oder dass ich Schaden nehmen könnte, wenn ich versuche, die Erdkruste zu durchbrechen. Ich weiß auch nicht, was dort oben über der Erde auf mich lauert. Es kann so viel geschehen, wenn ich wachse. Nein, ich bleibe lieber hier in Sicherheit und warte.»

Und so verblieb der eine Samen in der Erde und wartete.

Für Seminare, Einzelcoaching bzw. Vorträge zum Thema Präsentation und Visualisieren wenden Sie sich bitte an die Autorin:

Margit Hertlein
Fax +49 9141 74847
E-Mail: margit.hertlein@t-online.de

Tipps zum Weiterlesen

Bühs, Roland: Tafelzeichnen kann man lernen. Bergmann+Helbig Verlag, Hamburg 1993

Breger, Wolfram, und Grob, Heinz Lothar: Präsentieren und Visualisieren. Mit und ohne Multimedia. München 2003

Damasio, Antonio R.: Descartes' Irrtum. Fühlen, Denken und das menschliche Gehirn. München 1999

Fibel zur Metaplantechnik. Metaplan GmbH 1994

Hertlein, Margit: Mind Mapping. Die kreative Arbeitstechnik. Reinbek 1997

Hertlein, Margit: Frauen reden anders. Selbstbewusst und erfolgreich im Jobtalk. Reinbek 1999

Neuland, Michèle: Ein nützlicher Ratgeber für Flip-Chart Benutzer

Schmettkamp, Michael: Die perfekte Präsentation. Haufe Verlag. Freiburg 2002

Schnelle-Cölln, Telse: Optische Rhetorik für Vortrag und Präsentation. Metaplan GmbH. 1993

Will, Hermann: Mini-Handbuch Vortrag und Präsentation. Beltz Verlag. 1997

Zelaszny, Gene: Wie aus Zahlen Bilder werden. Der Weg zur visuellen Kommunikation. Wiesbaden 1999

Illustration: Catrin Günther

Business und Karriere bei rororo

Optimal organisiert und nie um ein Wort verlegen

Cornelius Buchmann/
Herbert Künzel
Freiberuflich arbeiten
Wie Sie als Selbständiger Ihre
Finanzen optimal organisieren
und sich sozial absichern
3-499-60570-8

Margit Hertlein
Mind Mapping –
Die kreative Arbeitstechnik
Spielerisch lernen und
organisieren 3-499-61190-2

Frank Naumann
Miteinander streiten
Die Kunst der fairen
Auseinandersetzung
3-499-19795-2

Wolf Schneider/Paul-Josef Raue
Handbuch des Journalismus
3-499-60434-5

A. M. Textor
Sag es auf Deutsch
Das Fremdwörterlexikon. Über
20 000 Fremdwörter aus allen
Lebensgebieten 3-499-61426-X

A. M. Textor
Sag es treffender
Ein Handbuch mit über 57 000
Verweisen auf sinnverwandte
Wörter und Ausdrücke für den
täglichen Gebrauch 3-499-61388-3

Frank Naumann
Die Kunst des Smalltalk

3-499-60847-2

Foto: VCL/Bavaria

Führungsstil & Management bei rororo

Mit optimalem Zeitmanagement und motivierten Mitarbeitern zum Erfolg

**Kenneth Blanchard et al.
Führungsstile**
*Wirkungsvolleres Management
durch situationsbezogene
Menschenführung*
3-499-61435-9

**Management durch
Empowerment**
*Das neue Führungskonzept:
Mitarbeiter bringen mehr, wenn
sie mehr dürfen.*
3-499-60771-9

**Der Minuten-Manager:
Führungsstile**
*Wirkungsvolleres Management
durch situationsbezogene
Menschenführung.* 3-499-19934-3

**Der Minuten Manager schult
Hochleistungs-Teams**
3-499-61437-5

**Der Minuten Manager und der
Klammer-Affe**
*Wie man lernt, sich nicht zuviel
aufzuhalten*
3-499-61439-1

**K. Blanchard/Sheldon Bowles
Gung Ho!**
*Wie Sie jedes Team in Höchstform
bringen.* 3-499-61479-0

**Blanchard/Johnson
Der Minuten Manager**
3-499-61434-0

**Spencer Johnson
Ja oder Nein. Der Weg zur
besten Entscheidung**
*Wie wir Intuition und Verstand
richtig nutzen* 3-499-19906-8

Eine Minute für mich
3-499-61436-7

**Spencer Johnson/Larry Wilson
Das Minuten Verkaufstalent**
3-499-61438-3

**Nadina-Maria Kress/
Andreas von Studnitz
Teamführung:
Gemeinsam zum Ziel**
*Ein Handbuch für alle, die
Führungskraft geworden sind
oder werden* 3-499-60928-2

S 44/1

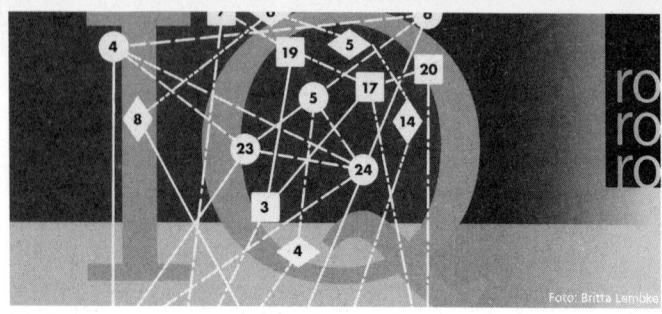

Foto: Britta Lembke

Fit im Kopf mit rororo

«Wir nutzen nur zehn Prozent unseres geistigen Potenzials.» Albert Einstein

Hans Jürgen Eysenck
Intelligenz-Test
3-499-16878-2

Walter F. Kugemann/
Bernd Gasch
Lerntechniken für Erwachsene
3-499-17123-6

Ernst Ott
Intelligentes Denken
Trainingsprogramm
3-499-16836-7

Victor Serebriakoff
Intelligenz zählt!
Der Test für IQ und Kreativität
3-499-61416-2

Marilyn vos Savant
Brainpower-Training
Das Aktivprogramm für Wissen
und geistige Fitness
3-499-60573-2

Marilyn vos Savant
Brainpower
Die Kraft des logischen Denkens
3-499-61165-1

Marilyn vos Savant/
Leonore Fleischer
Brain Building – Das Super-
training für Gedächtnis, Logik,
Kreativität
Marilyn vos Savant, laut Guinness-Buch der intelligenteste Mensch der Welt, trainiert Ihren Verstand auf anregende und amüsante Weise.

3-499-19696-4

Foto: Carlo Bergmann

Abenteuer Leben bei rororo

«Ich bin Mensch, ich habe gelitten, ich war dabei.»
Walt Whitman

Carlo Bergmann
Der letzte Beduine
Meine Karawanen zu den
Geheimnissen der Wüste
3-499-61379-4

Daniel Goeudevert
Wie ein Vogel im Aquarium
Aus dem Leben eines Managers
3-499-60440-X

Ruth Picardie
Es wird mir fehlen, das Leben
3-499-22777-0
und Großdruck 3-499-33167-5

Fred Sellin
Ich brech' die Herzen ...
Das Leben des Heinz Rühmann
3-499-61470-7

Volker Skierka
Fidel Castro
Eine Biographie
3-499-61386-7

Carola Stern
Doppelleben
3-499-61364-6

J. Randy Taraborrelli
Madonna. *Die Biographie*
3-499-61462-6

Ralph «Sonny» Barger
Hell's Angel
Mein Leben
«So subtil wie ein Tritt in den
Hintern.» San Francisco Chronicle

3-499-61453-7

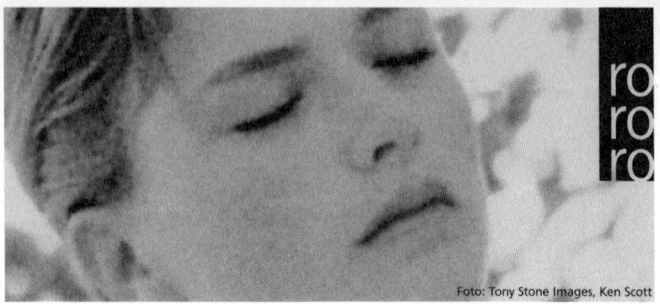

Lebenshilfe bei rororo

Stress, Depression, seelische Problemzonen – und die Kunst, sie zu überwinden

Wayne W. Dyer
Der wunde Punkt
*Die Kunst, nicht unglücklich
zu sein. Zwölf Schritte
zur Überwindung unserer
seelischen Problemzonen*
3-499-17384-0

Eugene T. Gendlin
Focusing
*Selbsthilfe bei der Lösung
persönlicher Probleme*
3-499-60521-X

**Edward M. Hallowell/
John Ratey**
**Zwanghaft zerstreut
oder Die Unfähigkeit,
aufmerksam zu sein**
3-499-60773-5

Frederic F. Flach
Depression als Lebenschance
*Seelische Krisen und wie
man sie nutzt*
3-499-61111-2

Reinhard Tausch
Hilfen bei Streß und Belastung

*Was wir für unsere Gesundheit
tun können*
3-499-60124-9

**Laura Epstein Rosen/
Xavier F. Amador**
**Wenn der Mensch, den du
liebst, depressiv ist**
*Wie man Angehörigen oder
Freunden hilft*

Laura Epstein Rosen · Xavier F. Amador
**Wenn der Mensch,
den du liebst, depressiv ist**
Wie man Angehörigen
oder Freunden hilft

3-499-61331-X